Wenn mir die Worte fehlen

Texte für den Umgang mit Tod und Sterben

Herausgegeben von
Sabine Gäbe

Gütersloher Verlagshaus

Originalausgabe

Die Deutsche Bibliothek - CIP-Einheitsaufnahme

Wenn mir die Worte fehlen ...: Texte für den Umgang mit Tod
und Sterben / hrsg. von Sabine Gäbe. – Orig.-Ausg. –
Gütersloh: Gütersloher Verl.-Haus, 2002
(Gütersloher Taschenbücher; 944)
ISBN 3-579-00944-3

ISBN 3-579-00944-3

Umschlaggestaltung: Init GmbH, Bielefeld
Umschlagmotiv: Andrew Cowin, Heidelberg
Satz: Weserdruckerei Rolf Oesselmann GmbH, Stolzenau
Druck und Bindung: Elsnerdruck, Berlin
Gedruckt auf chlorfrei gebleichtem Werkdruckpapier
Printed in Germany

Besuchen Sie uns im Internet: http://www.gtvh.de

Inhalt

Vorwort		7
I.	Vergänglichkeit	11
II.	Langes Sterben	19
III.	Sterben ist Leben	29
IV.	Früher Tod	36
V.	Plötzlicher Tod	44
VI.	Kindstod	51
VII.	Freitod	60
VIII.	Abschied	68
IX.	Sehnsucht	78
X.	Loslassen	86
XI.	Ewigkeit	94
XII.	Rückkehr ins Leben	103
XIII.	Trost	112
Themenverzeichnis		121
Quellenverzeichnis		124

Der Tod ist das Gebirge des Lebens.
Martin Heidegger

Liebe Leserin, lieber Leser!

Wie eine hohe Bergkette weithin sichtbar ist der Tod auf dem Lebensweg der Menschen wie eine Grenze, die es zu überwinden gilt und hinter die wir nicht schauen können. Sterben ist die Aufgabe, die jedem von uns schon bei seiner Geburt aufgetragen wurde.

Der Tod ist aber auch das Bergende, das uns eint mit allem Geschaffenen, mit dem »Stirb und Werde« in der Natur. Selbst einmal sterben zu müssen, schafft mitten im Leben eine tröstliche Verbindung mit allen Sterbenden und Verstorbenen.

Auf das Sterben hin zu leben ist auch die entlastende Gewissheit, nicht ewig leben zu müssen, einstmals frei zu sein von aller seelischen und leiblichen Not. Auf den Tod hin leben ist auch die Hoffnung, hinter die Grenze schauen zu dürfen und dann alles in einem neuen Licht zu sehen und zu verstehen, was wir als Lebende nie verstanden haben.

Solche Gedanken hat sich wohl schon jeder von uns einmal gemacht. Was aber, wenn man plötzlich mitten im Leben dem Sterben und dem Tod begegnet oder sich bei seiner beruflichen oder ehrenamtlichen Tätigkeit immer neu und immer anders damit auseinander setzen muss? Da ist man oft sprachlos und kann nicht recht ausdrücken, was man sagen möchte. Oft kommt dazu noch die Scheu, sich einer solchen nicht alltäglichen Situation zu stellen. Man hat Angst vor Peinlichkeiten, davor, etwas falsch zu machen, oder man empfindet den Gedanken an Tod und Sterben überhaupt als furchterregend. Dennoch möchte man die Betroffenen ansprechen, gerade weil man weiß, dass diese teilnehmende Worte brauchen und als ungemein tröstlich empfinden.

Mit meinem Buch möchte ich Ihnen genau in dieser Situation entgegenkommen.

Sie werden dreizehn Kapitel zu verschiedenen Themenkreisen finden, die Tod und Sterben betreffen. Die einführenden Worte vor jedem dieser Kapitel sollen Sie dabei unterstützen, sich auf ein bestimmtes Thema einzustimmen; Sie erhalten dort aber auch konkrete Hinweise, was in einem bestimmten Fall beachtens- und bedenkenswert ist, was man sagen könnte und was man lieber nicht sagen sollte.

In einem längeren Text oder Erlebnisbericht zu Beginn können Sie dann weitere Anregungen finden, sich Gedanken zu einem Thema zu machen. Im Anschluss daran habe ich kürzere Texte, Gedichte, Gebete und Sprüche zusammen gestellt, die Ihnen als »Wortmaterial« dienen können, wenn Sie Sterbende oder Trauernde ansprechen wollen.

Bei einem so komplexen Thema wie Tod und Sterben greift der Inhalt der einzelnen Kapitel natürlich oft ineinander. So werden Sie beispielsweise nicht nur im Abschnitt »Trost« Tröstliches finden, sondern auch in allen anderen Teilen des Buches. Hier ermöglicht Ihnen ein umfassendes Themenverzeichnis am Ende das leichtere Auffinden der betreffenden Texte.

Wenn Sie normalerweise in Ihrem Leben nicht mit dem Tod konfrontiert sind, wenn es völlig überraschend für Sie kommt, sich damit auseinander setzen zu müssen, empfinden Sie wahrscheinlich zuerst einmal eine große Sprachlosigkeit angesichts dessen, was geschehen ist. Dies kann durchaus auch auf Menschen zutreffen, die in ihrem Beruf oder ihrer ehrenamtlichen Tätigkeit häufig mit Tod und Sterben zu tun haben, dann nämlich, wenn ein besonders tragischer Fall sie berührt oder sie gar selbst betroffen sind.

Wenn Sie in dieser Situation einer Begegnung mit den unmittelbar Betroffenen nicht aus dem Weg gehen wollen, einen Kondolenzbrief schreiben, eine Ansprache vorbereiten oder ein Telefonat führen wollen, wird Sie vermutlich das Gefühl überkommen: Was soll ich nur sagen? Eigentlich würde ich gerne davor fortlaufen. Solche Empfindungen sind ganz natürliche Reaktionen; Sie sollten sie zulassen und annehmen. Das wird es Ihnen erleichtern, sich dieser nicht ganz einfachen Aufgabe zu stellen, zu reagieren, Worte zu finden, schriftlich oder in einem Gespräch.

Sie könnten zunächst einmal in sich selbst nachspüren, was das, was geschehen ist, bei Ihnen an Gefühlen auslöst, was Sie eigentlich wirklich dazu sagen möchten.

Hier kann es gerade für Menschen, die im Formulieren nicht so geübt sind, sehr hilfreich sein, die eigenen Gedanken und Worte, so wie sie gerade kommen, in einem ersten Schritt einfach einmal niederzuschreiben, und erst dann, in einem zweiten Schritt, zu prüfen, was Ihnen daran brauchbar erscheint, um es anschließend auszuformulieren.

Dazu könnten Sie auch einen der Kurz-Texte oder ein Gedicht verwenden, die in diesem Buch gesammelt sind. So werden Sie einen Einstieg in Ihr Thema finden. Sie können einen solchen Text auch als Bestandteil in einen Brief oder eine Rede einfügen.

Sie werden sich dann vielleicht fragen, ob Sie den Ton getroffen haben, ob Ihre Worte richtig ankommen werden. Wenn Sie solche Zweifel hegen, möchte ich Sie ermutigen, einfach darauf zu vertrauen, dass Ihnen die rechten Worte zufließen werden, wenn Sie sich nicht scheuen, vielleicht mit Hilfe dieses Buches, einen Anfang zu machen.

Dennoch ist es gut, wenn Sie im Umgang mit Menschen, die von Tod und Sterben betroffen sind, selbst aufrichtig bleiben: Wenn Sie nämlich in Ihren eigenen Worten eine Betroffenheit auszudrücken versuchen, die Sie selbst so gar nicht empfinden, kann das Ganze leicht »schief« werden. Hier sind herzlich formulierte, allgemein bekannte Beileidsbekundungen, verbunden vielleicht mit dem einen oder anderen Gedicht aus diesem Buch, u. U. für die Betroffenen tröstlicher.

Falls Sie sich auf ein Gespräch mit Sterbenden oder Hinterbliebenen vorbereiten möchte, können die nachstehenden Texte Sie ebenfalls unterstützen, sich auf die besondere Problematik des betreffenden Todes- oder Sterbefalles einzulassen. Sie könnten z. B. einen kürzeren Text, ein Gedicht oder ein Gebet, vielleicht auf eine schöne Postkarte geschrieben, zu dem Treffen mitnehmen. Dies wird sicher dazu beitragen, leichter miteinander ins Gespräch zu kommen. Möglicherweise hilft es Ihnen auch, sich mit einer kurzen Besinnung oder einem Gebet auf die Begegnung vorzubereiten. Darüber hinaus sollte Sie auch hier darauf vertrauen, dass

Ihnen die richtigen Worte zuströmen werden, wenn Sie sich aufrichtig und teilnehmend auf die Begegnung einlassen, so wie Sie es gerade können.

Dann werden Sie Ihre Scheu und Ihr Gefühl der Sprachlosigkeit überwinden und den Betroffenen gewiss genau den Trost geben können, den Sie ihnen schenken möchten.

Sabine Gäbe

I. Vergänglichkeit

> *Kaum leben wir, schon sterben wir*
> *und sind doch nie komplett.*
> Bettina Wegener

Irgendwann springt er jeden an, der erschreckende Gedanke: Das Leben ist endlich! Eigentlich wussten wir es schon längst, aber dennoch lebten wir, als hätten wir Zeit, ewig Zeit, unsere Träume Wirklichkeit werden zu lassen, unseren Plänen Leben zu verleihen, unsere Beziehungen viel intensiver zu leben, doch noch fertig zu bringen, was wir schon so lange aufschoben, weiser zu werden. Dann ist es aber plötzlich da, das Wissen: Meine Zeit, jede Zeit ist begrenzt. Viele Träume werde ich nicht leben, ich werde mich anstrengen müssen, wenigstens einige meiner Pläne zu verwirklichen, ich werde jetzt meine Beziehungen intensiver leben müssen.

Die meisten Menschen setzten sich um die Lebensmitte herum mit solchen Gedanken auseinander. Mit einem leichten Schwindelgefühl stellen sie fest, dass ihnen so vieles aus den Händen zu gleiten droht, wie kurz ein Menschenleben doch eigentlich ist. Die Sinnfrage stellt sich: Wozu das alles? Was eigentlich ist wirklich wichtig? Wofür soll ich meine abnehmende Kraft einsetzen? Was kommt nach meinem Leben?

Manche Menschen trifft es aber auch schon früher und oft sehr unvorbereitet. Von heute auf morgen sind sie gleichsam vor der Zeit mit der Vergänglichkeit konfrontiert: Das Sterben eines Angehörigen, der Tod eines geliebten Menschen oder sogar eine vielleicht »todbringende Diagnose« für sich selbst zwingen sie dazu, die eigene Endlichkeit und die Vergänglichkeit allen Lebens anzuschauen. Solche Menschen haben weniger Zeit, sind schockierter, auch kraftloser vielleicht, gelähmter durch Krankheit und Trauer, sich damit auszusöhnen. Während ein Mensch in der so genannten »Midlife-Crisis« Muße hat, mit seinem neuen Verständnis der Welt zurechtzukommen, hat ein anderer unter Umständen nur wenige Wochen, zu einem neuen Selbstverständnis zu kommen.

Die Aufgabe bleibt jedoch die gleiche: Ich werde akzeptieren müssen, dass ich sterblich bin, dass meine Zeit letztlich immer zu kurz ist, dass meine Möglichkeiten begrenzt sind, dass ich in keinem meiner Lebensbereiche Vollkommenheit erreichen werde, dass meine Kraft abnimmt, dass mich der Tod erwartet und ich vielleicht große Schmerzen haben werde.

Eine gelungene Begegnung mit der Vergänglichkeit kann nicht sein, sie zu überwinden, sondern nur sie als weltgegeben hinzunehmen. Die »Ur-Frage« der Menschen: Warum ist die Welt so, wie sie ist, warum muss gerade ich dieses Schicksal erleiden, wird niemals, jedenfalls nicht in unserer Lebenszeit, eine befriedigende Antwort finden. Deshalb kann es nur darum gehen, wie man sich einrichtet in der Welt; so, wie sie ist, im eigenen Schicksal, so, wie es einem auferlegt ist. Weisheit kann nicht sein, Antworten gefunden zu haben, sondern nur, die Fragen auszuhalten. Wenn ich die Endlichkeit meiner Zeit annehme, kann ich sie nutzen, so gut es eben geht, in den Grenzen des mir Gegebenen. Ich kann alles Unvollkommene und Unvollendete akzeptieren und das mir Mögliche tun, meine Zeit zu gestalten, das Allerwichtigste noch zu erfüllen, Beziehungen endlich so zu leben, wie ich es immer schon wollte.

Vielleicht kann auch der Glaube tröstlich sein: Nach dem Ende menschlicher Zeit kommt noch etwas. Wir fallen nicht ins Nichts. Am Ende erwartet uns nicht das Ende, sondern ein endloser, ewiger Gott. Wir werden gewandelt in eine neue unbekannte Seinsform, in der die Zeit und ihre Begrenztheit keine Rolle spielen werden, in der alles neu sein wird, alles Unvollendete zur Vollendung kommen wird, alles Zerbrochene geheilt sein wird und uns die Frage nach dem Sinn beantwortet oder sich erst gar nicht mehr stellen wird.

Ein solcher Glaube kann vielleicht zur Kraftquelle werden, das »So-Sein« der Welt und das ganz eigene Schicksal zu erfassen, gleichsam selbst zu übernehmen und die verbleibende Zeit heilsam für sich und andere zu gestalten.

~

Gewiss, in Anbetracht des Kosmos, als reine Gebilde der Materie, sind wir winzige Wesen, ist unsere Erde nur ein Staubkorn und ist selbst unsere Sonne nur so groß wie eine Erbse; schon rein zeitlich ist unser Dasein, gemessen an den Dimensionen des Kosmos, weniger als das Leben einer Eintagsfliege.

Aber sollte man Gott, der die riesigen Räume schuf, der die Hunderte von Milliarden Sonnen zu einer einzigen Milchstraße formte und aus Hunderten von Milliarden Galaxien das Weltall bildete, nicht auch zutrauen, dass er die winzigen Samenkörner des Geistes – fähig ihn anzuschauen mit Augen, die ihm gleichen, begierig, sich zurückzusehnen nach ihrem Ursprung, – einsammeln möchte aus den Tiefen des Alls und sie zurückführen möchte zu unserer ewigen Heimat? Sollte man denken, dass Gott dem Menschen den Verstand nur gegeben hätte, um daran verrückt zu werden, weil die Natur keine einzige Frage beantwortet, die wirklich menschlich ist? Wir Menschen tragen wesensnotwendig die Sehnsucht nach Unendlichkeit in uns; wir verzehren uns aus Durst nach Unsterblichkeit; und wir müssen schon sehr weit in der Verzweiflung abgestumpft sein, um solche Gefühle gar nicht mehr zu kennen. Ja, wir müssten unsere Seele schon sehr stranguliert haben, um uns in den Kategorien des Endlichen zur Ruhe zu setzen und den seelischen Erstickungstod des Alltags beinahe wie eine Erleichterung von allen wesentlichen Fragen zu begrüßen. Nein, für jemanden, der in der Wüste verdurstet, ist der Durst ein Beweis, dass es Wasser geben muss, selbst wenn an dem Ort, da er lebt, weit und breit kein Wasser zu finden ist.

Dass es Durst gibt, zeigt unwiderleglich, dass es Wasser gibt, denn ohne Wasser gäbe es keinen Durst (...); und schon weil wir uns nach der Unendlichkeit sehnen, zeigt dies, dass wir aus dem Unendlichen kommen und in das Unendliche gehen.

Eugen Drewermann

Der Gedanke an die Vergänglichkeit
aller irdischen Dinge
ist ein Quell unendlichen Leids,
ein Quell unendlichen Trostes.

Marie von Ebner-Eschenbach

Der Tod ist groß.
Wir sind die Seinen
lachenden Munds.
Wenn wir uns mitten im Leben meinen,
wagt er zu weinen
mitten in uns.

Rainer Maria Rilke

Siebzig Jahre dauert ein Menschen Leben –
und, wenn wir stark sind, achtzig.
Das meiste daran ist Verdruss und Mühe,
und mit einmal ist's aus, und wir fliegen dahin.

Du lässt die Menschen
zu Staub vergehn.
Du sagst: vorbei,
ach Adams Kinder.

Huub Oosterhuis

Es hilft kein weises Wissen,
wir werden hingerissen
ohn einen Unterschied.
Was nützt der Schlösser Menge?
Dem hier die Welt zu enge,
dem wird ein enges Grab zu weit.

Andreas Gryphius

Wandel

Verdorrte Blätter zeigen
uns was der Tod vermag.
Wir kleiden uns in Schweigen
und düstern mit dem Tag.

Es kreisen schon die Krähen
um alles was verfällt.
Der Herr läßt es geschehen,
daß nichts zusammenhält.

Und ist es dann geboten,
daß endet was begann,
so flehen wir die Toten
um neuen Wandel an.

Rose Ausländer

Verirrt

Ein Vöglein singt so süße
vor mir von Ort zu Ort;
Weh, meine wunden Füße!
Das Vöglein singt so süße,
ich wandre immerfort.

Wo ist nun hin das Singen?

Schon sank das Abendrot;
die Nacht hat es verstecket,
hat alles zugedecket -
Wem klag ich meine Not?

Kein Sternlein blinkt im Walde,
weiß weder Weg noch Ort;
die Blumen an der Halde,
die Blumen in dem Walde,
die blühn im Dunkeln fort.

Theodor Storm

Wir leben das Leben besser, wenn wir es so leben, wie es ist, nämlich befristet. Dann spielt auch die Dauer der Frist kaum eine Rolle, da alles sich an der Ewigkeit misst. Was soll sich denn ändern im Leben, wenn wir an den Tod denken? Wir werden sorgfältiger umgehen mit der Zeit, sorgfältiger mit den anderen, liebevoller, wenn Sie so wollen, geduldiger – und vor allem freier (...)

Peter Noll

Leben heißt, Brücken schlagen
über Ströme, die vergänglich sind.

Konstantin Wecker

Wie bin ich glücklich zu sehen,
dass ich unvollkommen bin
und die Barmherzigkeit Gottes
im Augenblick des Todes so dringend brauche.

Theresia von Lisieux

Herr, lehre uns, dass wir sterben müssen,
wenn Brücken brechen, denen wir vertraut;
und weise uns, eh wir gehen müssen,
zum Leben die Brücke, die du uns gebaut.

Lothar Petzold

II. Langes Sterben

Der Tod ist das Tor zum Licht
am Ende eines mühsam gewordenen Weges.
Verfasser unbekannt

Wenn durch eine ärztliche Diagnose klar wird oder wenn es sich bei alten Menschen abzeichnet, dass das Sterben begonnen hat, sind alle Betroffenen in eine völlig neue Lebenssituation gestellt. Für die Todgeweihten beginnt ein Alltag, der geprägt ist von Untersuchungen und Behandlungen, von Hilfsbedürftigkeit und womöglich großen Schmerzen. Sie müssen mit all dem zurecht kommen, oft in der unvertrauten Umgebung eines Krankenhauses. Sie sind gezwungen, sich seelisch und leiblich mit ihrem bevorstehenden Tod auseinander zu setzen. Dies ist eine schwere Aufgabe, die schwerste ihres bisherigen Lebens vielleicht, auf die sie außerdem nicht vorbereitet sind. Jeder Mensch wird diese Aufgabe auf eine ihm eigene, ganz individuelle Art und in verschiedenen Phasen bewältigen.

Wenn Menschen, die mit Todgeweihten Umgang haben, ihre ganz persönliche Sterbebewältigung und ihren momentanen Umgang damit respektieren, werden ihnen die gerade für sie passenden Gedanken und Worte zufließen. Sie werden nicht ängstlich dem Ernst des Sterbenmüssens ausweichen, aber auch nicht hilflos in Mitleid zerfließen. Sie werden ehrlich auf Fragen antworten und in ihrer eigenen Person wahrhaftig sein, ohne den Sterbenden zu überfordern.

Vielleicht kann man die auf den Tod Zugehenden vorsichtig darauf hinweisen, dass sie auch jetzt in dieser zunächst ausweg- und sinnlos erscheinenden Situation noch wichtige Aufgaben zu erfüllen haben: Sich mit dem eigenen Schicksal auseinander setzen und vielleicht sogar auszusöhnen, die Hilfe anderer leicht und unkompliziert anzunehmen und für ihre Angehörigen da zu sein, so wie sie es noch können. Wir können Sterbende ermutigen, auch die qualvolle Länge des Todes anzunehmen, das Rechten mit dem Schicksal und mit Gott, der einem solches zumutet, einmal sein zu lassen und ein Gespür für die besondere Hilfe zu entwickeln, die einem gerade jetzt zugedacht ist.

Auch die Angehörigen Sterbender sind in einer solchen Situation vor ganz neue Aufgaben gestellt. Sie müssen einerseits ihren normalen Alltag bewältigen, zur Arbeit gehen, die übrige Familie versorgen oder ähnliche Dinge. Dazu kommt die Aufgabe, sich seelisch, aber oft auch ganz konkret um den Sterbenden kümmern zu müssen. Sie fühlen sich vielleicht hilflos gegenüber seiner Verzweiflung und seinen qualvollen Schmerzen. Sie haben mit ihrem eigenen Abschiedsschmerz fertig zu werden und wollen doch den Kranken nicht damit belasten. Sie machen sich vielleicht Sorgen, wie es nach seinem Tod weitergehen wird: Wie soll ich ohne ihn weiterleben? Aber auch ganz konkret: Wie bin ich versorgt? Wie schaffe ich den Alltag ohne ihn? Diejenigen, die einem Sterbenden nahe stehen, sehen sich vor die schwierige Aufgabe gestellt, ihm einerseits das Gefühl geben zu wollen, »in Ruhe« sterben zu dürfen, ihm andererseits aber auch seinen Wert, seine Wichtigkeit und Unersetzbarkeit zuzusichern.

Solchen Angehörigen kann man vielleicht sagen, dass sie ihre Sache gut machen, dass es in solchen Situationen keine ideale, konfliktfreie Bewältigung gibt, sondern Bewältigung nur darin bestehen kann, möglichst gut die Balance zu halten zwischen den verschiedenen Erfordernissen und Anstrengungen des veränderten Alltags, zwischen dem Sterbenmüssen des oder

der anderen und dem eigenen Willen zu Leben und Glück, die Balance also zwischen »ich« und »du«. Denkbar wäre auch, sie aufzufordern, sich selbst nicht zu vernachlässigen, sich Abstand und kleine Inseln der Entspannung zu schaffen, oder, wie in einem der nachfolgenden Texte berichtet, in einer Art Tagebuch sich in dieser schwierigen Situation ihrer selbst zu versichern.

Möglicherweise kann man auch Trost spenden, indem man den Angehörigen zusichert, dass ihre Anstrengungen und ihr Kummer nicht ungesehen ins Leere fallen, sondern dass sie auch in dieser schweren Zeit »im Angesicht Gottes« stehen und nicht alleine gelassen sind.

~

Am Donnerstagmorgen hatte sich sein Zustand verschlechtert. Er atmete unregelmäßig, manchmal hechelte er nur. Dann setzte die Atmung für Sekunden aus, um das Versäumte anschließend in einem heftigen Zug nachzuholen oder auch mit kleinen flachen Atemzügen wieder zu beginnen. (...) Seine Augen waren halb geöffnet, wobei ein Teil der Iris und der großen Pupille, oft mehr als die Hälfte, zu sehen war.

Seine Gesichtsmuskeln zuckten unruhig, manchmal nahmen seine Züge einen Ausdruck an, als quäle ihn etwas, als wolle er weinen. Manchmal riss er die Augen weit auf. Selten schüttelte ein Krampf den ganzen Oberkörper.

Der Mund war halb geöffnet (...) Die Augen öffneten sich weiter, so dass sein Blick auf das kleine Bild an der Wand gerichtet schien. Aber wenn ich mich in unmittelbarer Nähe bewegte, reagierte er nicht. »Vielleicht hört er mich«, dachte ich, »vielleicht tut es ihm wohl, meine Stimme zu hören.« »Siehst du uns beide auf dem Bild?« fragte ich ganz ruhig und leise. »Siehst du, wie ich dich liebe?«

Manchmal streichelte ich ihm über das Haar oder die eingefallenen Wangen. So verstrich der Vormittag (...)

[Sein] Atem wurde immer unregelmäßiger. Er setzte manchmal sekundenlang aus. Auch ich konnte in dieser Zeit keine Luft holen. Ich betrachtete ihn gebannt und konnte meinen Blick nicht von ihm wenden.

Es war halb sieben, als wir erkannten, dass es wirklich zuende ging. Einer der nächsten Atemzüge musste der Letzte sein (...) Mir stockte der Atem, ein Brausen erfüllte meinen Kopf. Ich zitterte vor Aufregung und ließ meine Augen nicht von ihm.

Seine Atemzüge wurden zu kleinen Seufzern. Dann setzte die Atmung aus. Unbeweglich beobachteten wir ihn. Ein kleines leichtes Schaudern ging durch seinen Oberkörper, der Unterkiefer zitterte. Die Augen schlossen sich ein wenig. Wie wenn man sich einer schweren Last entledigt, wie wenn man unter Schmerzen ein Kind gebiert, war sein letzter tiefer Seufzer zu hören.

Renate Joesten

Es heißt, wenn du jemanden wirklich liebst, kannst du dir sehr wohl wünschen, er möge als Erster sterben. Da deine Sorge um das sanfte Hinscheiden dieses Menschen so groß ist, bist du bereit, am Ende als Letzter zu gehen, um ihm das zu ersparen.

Stephen Levine

Unter dem Druck der inneren Spannungen begann ich, eine Art Tagebuch zu schreiben: »Diese Zeit seit der tödlichen Diagnose ist für mich ein ungeheurer, zehrender Kampf von Ängsten und Verzweiflung, Liebe und Hoffnungslosigkeit, Zuversicht, Trauer, Mitleid und immer wieder Angst«, notierte ich zu Beginn.

Renate Joesten

Weißt du eigentlich,
wie sehr ich mir wünschte,
Flügel zu haben,
um dich hinüberzutragen
über die Abgründe
deiner Todesangst
und dir Halt zu geben
in den letzten Stunden
deines Lebens?

Christa Spilling-Nöker

Wenn es dir Kummer macht,
dass du nichts mehr tun kannst
für einen Menschen,
der deinem Herzen nahe steht,
so bedenke,
dass der Herr die Seinen ermächtigt hat
zu segnen.
Du ahnst nicht,
welche Kostbarkeit
du dem andern mitgibst
auf seinen Weg
wenn du ihn segnest.

Sabine Naegeli

Die Angst vor dem Tod ist letztlich: Nicht-leben wollen. Denn leben, lebendig bleiben, reifen kann nur, wer das Gesetz des Lebens annimmt, das sich auf den Tod als Ziel hinbewegt.

Anselm Grün

Der Leib verblühte mir zermartert,
der Mund verwelkte mir verletzt!
Nicht diesen Tod hab ich erwartet,
nicht diese Frist hab ich gesetzt.

Zwei Wolken - glaubte ich - begegnen
einander droben in den Höhn,
und Blitze werden nieder regnen,
als kämen Engel, mich zu segnen,
und Stimmen jauchzen stark und schön.

Anna Achmatowa

Der Schmerz
der Tod
das Leben
und ich.

Sabine Gäbe

Wie groß der Leiden Zahl,
die auferlegt dem Herzen;
doch bleibt die größte Qual,
zu lächeln unter Schmerzen.

E. Scherenberg

Ein Krankenpflegeschüler:
»Ich wusste, mein Dienst war schon zu Ende. Viel konnte ich ja auch nicht tun in dem kleinen Zimmer. Ich habe ihm einfach die Hand gehalten, bis ich gemerkt habe, dass er tot war. Dann erst bin ich gegangen.«

Christa Bender

Wir begaben uns auf Gefilde immer größerer Zärtlichkeit, zwei verlorene Seelen, allein an Deck in einem schwarzen endlosen Meer, mit Winden, die an den Ecken des Hauses aufheulten, ohne Lichter, die uns hätten führen können, aber auch ohne Lichter, die unsere Position verraten konnten.

Anne Michaels

Es kommt gar nicht so sehr, wie wir immer meinten, darauf an, dass wir etwas für den Sterbenden tun. Wir müssen vielmehr das Schweigen aushalten und in dem bei ihm zu bleiben versuchen durch unsere begleitende Anwesenheit, was er jetzt, für uns bewusstlos, in seinem Bewusstsein erlebt als das Zugehen auf den Punkt, wo der Mensch ganz wahr wird.

Johann Christoph Hampe

Jetzt
will ich betten meinen müden Kopf
in einen sanften Schoß
und meine heiße Stirn in eine kühle Hand,
jetzt
wird alles leicht.

Sabine Gäbe

Wenn wir hilflos und schwach sind, dann müssen wir die guten Werke der anderen Gott darbieten. Das ist das Schöne an der Gemeinschaft der Heiligen. Diese Hilflosigkeit soll uns nie Sorgen machen. Halten wir uns einzig an die Liebe.

Theresia von Lisieux

Das Annehmen von Hilfe ohne falschen Stolz ist das letzte Geschenk, dass der Sterbende den Lebenden machen kann.

Anne-Marie Tausch

Flieg, flieg, mein Vogel zum Land deiner
Geburt, denn du bist dem Käfig entkommen,
und deine Schwingen sind ausgebreitet.

Fliege fort vom Strom der Bitternis und dem Wasser
des Lebens zu, kehre zurück vom Vorhof
auf den hohen Thron der Seele.

Eil dich, Seele, denn wir alle gehen von dieser Welt
der Trennungen in jene Welt der Einung.
Lasst uns die Erde verlassen und himmelwärts fliegen.

Schrei laut und verkünde, dass du König bist;
dir wird die Gnade der Antwort zuteil werden,
denn du hast das Wissen zu fragen.

Dschelal-eddin Rumi

Wohltätig, heilend nahet mir
der Tod, der engste Freund.

Friedrich Schiller

II. Sterben ist Leben

> *Und wenn alles ganz anders ist oder gar nicht,*
> *dann werde ich in Frieden gestorben sein,*
> *eins mit mir, den Menschen und dem Leben.*
> Sabine Gäbe

Das Sterben des Menschen beginnt am Tage seiner Geburt. Das wissen wir alle, aber lange sind wir so im Leben verankert, dass wir es vergessen, dass wir uns nicht darum kümmern und so leben, als dauerte es ewig oder jedenfalls unendlich lange. Das ist ganz natürlich und in gewisser Weise muss es auch so sein, damit wir das Leben nicht überspringen, damit wir ganz »da« sind.

Eines Tages ist es dann für jeden so weit. Da wird es ernst mit dem Sterben, der Tod steht bevor, das Leben scheint zuende zu sein. Aber wer stirbt, ist noch nicht tot. Er ist noch immer mitten im Leben, steigt noch immer auf seiner Lebensleiter empor. Die letzten Stufen einer Treppe sind bekanntlich die mühsamsten und beschwerlichsten. Der Todgeweihte sieht sich einer letzten, sehr schweren Aufgabe gegenüber, das Leben, alles Leben, sein Leben loszulassen. Die Bewältigung dieser Aufgabe wird ihm leichter fallen, wenn er in seinem Sterben nicht das Ende, nicht ein Scheitern, nicht ein »Alles umsonst« sieht, sondern wenn er es als eine letzte Phase seines Lebens mit ganz besonderen Bedingungen, Anstrengungen und Aufgaben sieht.

Vielleicht kann man Sterbenden behutsam solche Gedanken, eine solche Interpretation ihres Sterbens andeuten und sie so ermutigen, wieder zu einer Übereinstimmung mit sich selbst, zu einer neuen Identität zu gelangen.

Aus der Sterbeforschung weiß man, dass dieser Prozess in verschiedenen Phasen verläuft, die von einem Nicht-Wahrhaben-Wollen über Auflehnung bis hin zum Einverständnis gehen. Sicherlich ist es deshalb hilfreich, einen Sterbenden mit Gesprächen und guten Worten in diesen Phasen zu begleiten. Wir sollten ihm seine negativen Gefühle zugestehen, ihn aber auch, wenn eine Offenheit dafür spürbar ist, auf die Chancen und Möglichkeiten dieses besonderen Lebensabschnitts hinweisen.

Aus vielen Berichten Sterbender weiß man, dass diese am Ende ihres Lebens noch einmal zu einem ganz neuen Selbst- und Weltverständnis gelangt sind. Sie haben die Zeit genutzt, ihre Vergangenheit zu ordnen und in allem einen zusammenhängenden Sinn zu finden. Eine Frau berichtete, dass sie sterbend endlich in der Lage war, die Versäumnisse, die Schuld in ihrem Leben anzuschauen und sich dadurch versöhnt, befreit und sehr glücklich fühlen konnte. Kleine Streitereien, wie sie zum Leben gehören, verlieren im Sterben möglicherweise an Bedeutung, und Bindungen können noch einmal neu und sehr intensiv in ihrer wesentlichen Bedeutung erfahren werden. Viele Todgeweihte haben im Sterben erst oder wieder eine lebendige Beziehung zum Glauben und zu Gott gefunden.

Wer mit einem Sterbenden spricht, sollte aufmerksam sein für Worte oder Gesten, die in diese Richtung gehen. Vielleicht möchten die Sterbenden mit uns »philosophieren«, über den Sinn des Lebens und des Todes reden, über Gott und theologische Fragen. Wir sollten diesen Themen nicht ausweichen, sondern sie als Chance und als Geschenk sehen, uns selbst schon mitten im Leben mit so Wichtigem auseinander zu setzen.

Und wenn der, für den es jetzt ans Sterben geht, nicht mehr imstande ist zu sprechen oder nicht darüber reden möchte? Wenn er hadert und anklagt und sich mit dem Tod nicht aussöhnen kann? Wenn kein tröstendes Wort ihn erreicht? Dann tun wir gut daran, das zu respektieren. Gerade weil Sterben ein Stück Leben ist, können und sollten wir den anderen so annehmen, wie er ist, in seiner Person und in seiner momentanen Situation. Wir geben ihm Kraft und Trost wahrscheinlich dadurch, dass wir da sind und uns seine Klagen anhören.

Und auch wenn sie nicht ausgesprochen sind, werden gute Gedanken, Gebete und Segenswünsche ihre heilende Wirkung entfalten, für den Todgeweihten, aber auch für uns selbst.

Leben heißt immer auch schon Sterben. Aber der Tod ist nicht nur im Leben, sondern das Leben ist auch im Tod gegenwärtig, so unsinnig das zunächst klingen mag. Aber wie die letzten Töne einer Melodie oder eines musikalischen Themas dieses erst gegenwärtig machen und es zur vollendeten Gestalt bringen, so führt auch erst der Tod das Leben zu seiner Vollendung, er bringt es zu seiner endgültigen Gestalt. Bevor der Tod eintritt, hat das Leben nur Vorläufigkeitscharakter, es ist revidierbar, noch formbar, noch offen. Erst im Tod wird das Ganze des Lebens endgültig. Deswegen kommt im Tod das Leben zu sich selbst, der Tod birgt das Leben in sich hinein, er versammelt das Ganze des Lebens in sich (...) Vom Tod her erhält es auch das Drängende und Unaufschiebbare. Wäre der Tod nicht, bestünde das Leben aus einer schrecklichen Langeweile, alles wäre gleich-gültig, weil alles beliebig, nachholbar und ad infinitum aufschiebbar (...)

Mit anderen Worten: Die Nähe des Todes gibt dem Leben Tiefe (...) Erst durch den Tod erfahren wir, dass

das Leben nicht einfach selbstverständlich ist, sondern dass es ein Geschenk, eine Gabe ist. Da das Leben ständig vom Tod bedroht ist, wird es als etwas Kostbares erfahren, als ein unwiederholbares Wagnis und Abenteuer.
So sehen wir: Leben und Tod durchdringen sich gegenseitig, gehören unausweichlich zusammen. (...)

Gisbert Greshake

Dem Tod gegenüber, diesem kritischen Moment meines Lebens, durch den ich hindurch muss, mutterseelenallein, stehe ich vor der Frage: Alles oder nichts, Sinn oder Unsinn des Lebens, Gott oder unendliche Leere. Das Geheimnis von Leben und Tod hängt zusammen mit dem Geheimnis von Gott.

Phil Bosmans

Und meine Seele spannte weit ihre Flügel aus,
flog durch die stillen Lande, als flöge sie nach Haus.

Joseph von Eichendorff

neo
disher

neomoscan

Es ist in den letzten Tagen eine Freude in mir gewachsen. Nicht, dass es keine Traurigkeit oder Schmerzen mehr gibt: Aber sie sind beweglicher geworden, wie Wolken am Himmel, und die Sonne scheint durch, und selbst wenn ich sie nicht sehe, so weiß ich, ich spüre sie mit meinem ganzen Sein durch alles durch. (...) Und immer wieder kommt mir das Gefühl: Ich brauche nichts zu tun, als mir nicht im Wege zu sein, dann geschieht schon, was gut ist.

Anne-Marie Tausch, aus dem Brief einer Sterbenden

Wenn ich sterben werde

Herr, ich komme zu dir,
denn ich habe in deinem Namen den Acker bestellt.
Dein ist die Saat.
Ich habe diese Kerze gebildet.
An dir ist es, sie zu entzünden.
Ich habe diesen Tempel gebaut.
An dir ist es, sein Schweigen zu bewohnen ...

Antoine de Saint-Exupéry

Auf Himmelsstufen

Freund, laß deinen Gram zu Grabe fahren:
Draußen steht der Lenz mit blonden Haaren!

Reißt es dich zum Abgrund dunkler Sterne –
fassungslos stehst du vor solcher Ferne!

Doch wir wissen es: um diese Dinge
weben Wunder, zart wie Schmetterlinge.

Und wir wissen, daß auf Himmelsstufen
Engel stehn, die unsre Namen rufen.

Rose Ausländer

Jeder Kampf mit dem Tod ist verloren,
bevor er anfängt.
Die Größe des Kampfs kann nicht in seinem Ausgang,
sondern nur in der Würde der Handlung liegen.

Paul-Louis Landsberg

Nur einen Sommer gönnt, ihr Gewaltigen!
Und einen Herbst zu reifem Gesange mir ...

Friedrich Hölderlin

Von Augenblick zu Augenblick kann man viel ertragen.

Theresia von Lisieux

Verschweigen wir, was uns verwehrt ist,
geloben wir glücklich zu sein,
wenn auch nicht mehr uns beschert ist
als noch ein Rundgang zu zwein.

Stefan George

IV. Früher Tod

> *Oh, wie hasste ich Gott, wenn er dafür verantwortlich war!*
> *Ich hörte auf, das Wort an ihn zu richten,*
> *ich betete jetzt nicht mehr.*
> *Ich hoffte nichts mehr von ihm – wir standen allein.*
> Renate Joesten

»Selig sind die Toten, die im Herrn sterben ...« (Offenbarung 14, 13). Selig sind sie, ob sie spät sterben oder früh. Eine Witwe, selbst über siebzig Jahre alt, sagte nach dem Tod ihres fast achtzigjährigen Mannes: »Ich hätte ihn noch so gerne einige Jahre bei mir gehabt. Aber auch dann wäre es zu früh gewesen, es ist immer zu früh!« Für den Tod ist es immer zu früh. Dieser Gedanke kann vielleicht Angehörige trösten, die lange »vor der Zeit« einen geliebten Menschen verloren haben. Denn Zeit ist ein Begriff des irdischen Lebens, des Diesseits; in der Welt, in die der Tote jetzt eingetreten ist, gilt Zeit nicht mehr. Da gibt es nicht »zu früh« oder »zu spät«. Jedes Wesen hat in der Welt seine ihm zugedachte Zeit; außerhalb, jenseits der Welt ist es einfach nur.

Der Schmerz, den Betroffene und mit ihnen ihre Angehörigen darüber empfinden, nicht »fertig« gelebt zu haben, so »unvollendet« sterben zu müssen, können wir möglicherweise durch die Zusage lindern, dass das Sein eines Menschen zählt in der ihm zugedachten Zeit, und nicht wichtig sein wird, was er geleistet, erworben oder fertig gebracht hat. Zweifellos ist es für Menschen hilfreich, die einem frühen Tod geweiht sind, und auch für ihre Angehörigen, den Prozess des Loslassens irdischer Güter und Leistungen zu begleiten, in Gesprächen und zugesagten Worten neue Wichtigkeiten zu suchen und zu finden. Das wird unter Umständen für den Sterbenden leichter sein als für seine Angehörigen, die weiter der diesseitigen Welt verhaftet bleiben werden. Hier kann es sehr fruchtbar sein, sich im Gespräch offen zu halten für das, was wir von Sterbenden lernen können. Die Person, die dann stirbt, wenn es für sie vorgesehen ist, ist in sich immer vollendet vor Gott, aber auch vor den Menschen.

Angehörige und auch die Sterbenden selbst können vielleicht Trost darin finden, wenn sie sich gegenseitig versichern, dass auch nach dem Tod alles im angefangenen Sinne weitergehen wird. »Ich werde alles so machen, wie du, wie wir es gewollt haben.« Es kann aber auch so sein, dass der Sterbende seine Hinterbliebenden freigeben möchte, ihnen sagen möchte, dass er sie für fähig hält, nun allein zu entscheiden und zu gestalten. Solche gemeinsamen Überlegungen können das gegenseitige Vertrauen stärken und eine Gemeinschaft über den Tod hinaus schützen. Hier wirkt gewiss auch die Zuversicht unterstützend, dass Gott die Gemeinschaft der so früh Getrennten auch weiterhin und auf ganz neue Weise mittragen wird.

Sehr schwer ist für alle Betroffenen mit Sicherheit, den vorzeitigen Verfall ihres Leibes anzunehmen und zu akzeptieren, dass sich früh Sterbende, wie die junge, krebskranke Frau im nachfolgenden Bericht, als hässliche, gleichsam schon gestorbene »Zombies« erleben. Ihnen wurde keine Zeit gewährt wie alten Menschen, sich in einem langen Reifungsprozess an den Verfall des Leibes zu gewöhnen. Darüber zu sprechen, fällt vielleicht den Betroffenen leichter als den Angehörigen, die den Verfall vor sich sehen. Der Umgang hiermit erfordert behutsame Kreativität. Beiden könnte der Gedanke hilfreich werden, dass der Geist, die Seele, die Person auch weiterhin unversehrt sind, wenn auch in manchen Fällen gewandelt oder (wie bei Bewusstlosen) verborgen.

Möglicherweise tut es gut, zusammen eine Fotografie der auch äußerlich unversehrten Person zu betrachten.

Den Kranken wird ein fantasievoll gefundenes, ehrliches Kompliment sicher gut tun: »Du siehst besser aus als gestern«, oder »Deine Augen sind noch immer schön.« So seltsam es klingt, aber viele leiblich sehr mitgenommene Sterbepatienten helfen sich und ihrer Umgebung mit der Erlaubnis zu einer guten Portion Galgenhumor: »Das ist aber eine Glatze, très chic ...« Hier sollten man jedoch sehr behutsam sein und taktvoll erspüren, ob ein solcher Humor auf die ganze Atmosphäre entspannend und heilsam wirkt oder nicht vielleicht doch verletzend.

Sterbende, die mit Vorstellungen des Glaubens vertraut sind, könnte man auch daran erinnern, dass wir nach unserem Tode »in unserm Leib« unversehrt vor Gott sein werden.

Dass ich es jedoch in der Hand hatte, diesem unwürdigen Zustand ein Ende zu bereiten, wollte mir nicht in den Sinn.
Ich hatte meines Erachtens überhaupt nichts in der Hand, ich brauchte ja nur in den Spiegel zu schauen, um das zu erkennen. Mein ausgemergeltes Körperchen wog nur noch vierundsiebzig Pfund und ließ Knochen sichtbar werden, von deren Existenz gesunde Menschen bestenfalls im Biologieunterricht erfuhren. Man sah die genaue Form meines Schulterblatts, die Rippenknorpel am Ansatz meines Brustbeins, den Verlauf von Elle und Speiche an meinen Unterarmen. Am Schlimmsten hatte es jedoch mein [junges] Gesicht getroffen: die Haut

neo
disher

neomoscan

war bleich und aufgedunsen, und die Poren waren riesengroß. Die Augen traten weit aus den Höhlen und waren umrandet von tiefen, schwarzen Ringen. Die Lippen hatten fast eine violette Färbung und waren aufgeplatzt und verborkt (...) Das war ich, das war von mir geblieben. Ich war nur noch das Spiegelbild meiner Krankheit, ein Teil jenes Schattens, den der Krebs aus mir gemacht hatte. Und auf diesen Schatten konnte ich einfach nicht vertrauen. Ich war zu einem Nichts geworden (...)
Dieser Schatten saß manchmal am Spätnachmittag auf der Bettkante und beobachtete den Totentanz der Sonnenstahlen. Ich sah, wie sie schwanden, und ich stellte mir vor, wie sie in Auflösung begriffen seien. Auch ich verging, vielleicht saß ich ja schon gar nicht mehr auf der Bettkante, vielleicht war ich ja schon fort, versunken.

Diana Beate Hellmann

Die Hoffnung weist über sich hinaus
auf ein Jenseits des Todes,
die Liebe schließt in sich schon
etwas Todüberschreitendes und Ewiges.

Anselm Grün

»Es ist mir in den letzten Monaten so klar geworden, dass die wirklichen Entscheidungen nicht in meiner Hand sind. Ich habe einen gewissen Spielraum, und den kann ich ausnutzen (...) Aber was mit mir geschieht, das habe ich nicht in der Hand.« (...)

»Wer hat das denn in der Hand?« »Ja, ich denke, irgendetwas Höheres, das über uns Menschen hinausgeht. Die einen nennen es Gott, die anderen nennen es Universum, wen man sich auch immer darunter vorstellen mag, so: Dein Wille geschehe. – Also manchmal ist es schwer, aber es ist doch meine Erfahrung: Wenn ich annehme, was ist, das ist mir eine ungeheure Hilfe. Und wenn ich mich immer mehr diesem Fluss des Geschehens anvertrauen kann und denke: Du brauchst das Ruder nicht in der Hand zu halten, wenn du dich dem Strom anvertraust (...) Deine Pläne, die sind vielleicht gar nicht immer diejenigen, die sich erfüllen werden, vielleicht sind es nicht einmal die richtigen für mich. Das hilft mir eben auch, keine Wünsche zu haben. Natürlich möchte ich meine Bücher noch fertig schreiben, das wäre toll. Aber ich bin damit nicht mehr so sehr verhaftet. Ich erwarte es nicht. Ich lasse es auf mich zukommen.«

Anne-Marie Tausch

War er bereit zu leiden? Nahm er sein Schicksal als das, was ihm zufiel? War er willens, sein Leid, sein Sterben in einer ihm gemäßen Weise zu gestalten, seinen Tod anzunehmen? Würde, was geschehen musste, mit seinem Einverständnis geschehen? Ich wünschte für ihn nun nichts mehr als dieses. Aber ich bezweifelte, dass ihm dieser Schritt gelang. Ich fürchtete, dass er zornig und widerstrebend sterben würde, weil er in seiner Vitalität einen frühen Tod nicht einsehen und akzeptieren konnte, weil er Verantwortung übernommen hatte und seine Aufgaben im Leben einfach abbrechen musste, weil er herausgerissen wurde und sehenden Auges abwarten musste, bis die Kräfte ihn immer mehr verließen - und was wohl noch alles geschehen würde auf dem Leidensweg. Weil er nicht fertiggelebt hatte.

Renate Joesten

Herr, ich bitte weder um Gesundheit
noch um Krankheit,
weder um Leben noch um Tod,
sondern darum,
dass du über meine Gesundheit
und meinen Tod verfügst
zu deiner Ehre und zu meinem Heile.
Du allein weißt, was mir dienlich ist.
Du allein bist der Herr,
tue, was du willst.
Gib mir, nimm mir;
aber mache meinen Willen
dem deinen gleich.

Blaise Pascal

Ich fühle mich innerlich heil,
obwohl ich äußerlich todkrank bin.

Anne-Marie Tausch

Ich sehnte mich danach, mit ihm, allein mit ihm zu sprechen über Leben und Tod, über unsere Liebe, unser Wollen, unsere Kinder. Darüber, wie es weitergehen sollte, wenn er wirklich stürbe, was ich doch auch immer wieder bezweifelte. Er sollte mir Wegweiser aufstellen und mir helfen zu verstehen und zu ertragen. Ich traute mir zu, das Schiff alleine zu steuern, aber ich wollte es nicht (...) Er sollte mir Aufträge erteilen, damit ich sicher wäre, in seinem Sinne zu handeln. »Wahrscheinlich«, so dachte ich, »ist die Zeit noch nicht reif dafür.« Später, im Verlauf der folgenden Wochen, erkannte ich widerstrebend, dass meine Erwartungen nicht erfüllt wurden, und erst nach seinem Tod begriff ich, warum nicht und dass es gut so war. Meine Bewunderung für seine innere Größe wurde dadurch noch gesteigert.

Renate Joesten

Was ist der Tod? – nach einem Fieber ein sanfter Schlaf, der uns erquickt!

P. von Winter

V. Plötzlicher Tod

Was kannst du anderes tun,
als den Schmerz auszuhalten, ihn zu ertragen,
auszutragen wie ein Kind?
Christa-Spilling-Nöker

Aus und vorbei! Plötzlich und völlig unvorhergesehen. Sie ist nicht mehr. Er ist tot. Von einer Minute auf die andere ist alles anders, die Welt hat sich für immer verwandelt. Das Sterben war so kurz und so heftig, dass es keine Zeit ließ, sich ein wenig an den Gedanken zu gewöhnen. Die Hinterbliebenen stehen unter Schock. Sie sind oft völlig erstarrt, atemlos damit beschäftigt zu begreifen. Im Falle eines plötzlichen Todes kann es zunächst nur darum gehen, die völlig veränderte Situation als solche wahrzunehmen, sich den Tod bewusst zu machen.

Dem Geschehen ferner stehende Begleitpersonen sollten daran denken, dass es für sie leichter ist zu erfassen, dass jemand tot ist, als für die Betroffenen selbst. In dieser Phase kann man vielleicht am besten helfen, indem man zuhört und die Geduld aufbringt, sich immer wieder erzählen zu lassen, was und wie es geschehen ist, die Konfusion und das Ungeordnete mit auszuhalten und mitzutragen, ohne die Entwicklung der Trauer ungeduldig vorantreiben zu wollen.

Wenn man eine Bereitschaft dazu spürt, sollte man sich nicht scheuen, die Angehörigen dazu zu ermutigen, den oder die Tote noch einmal zu sehen, um Abschied zu nehmen, so gut es in dieser Situation geht.

Man könnte Trauernde auch behutsam dazu auffordern, sich Zeit zu lassen mit dem Begreifen. Vielleicht kann ich ihnen sagen, dass Erstarrung und Gefühllosigkeit in einer solchen Zeit durchaus normal sind, dass die Zeit zwar die Wunden nicht heilen, aber helfen wird, einen Abschied durchzumachen, um irgendwann »richtig« trauern zu können.

Der Hinweis, dass die Teilnahme an Ritualen wie der Trauerfeier, dem Besuch des Grabes oder dem Aufstellen und liebevollen Schmücken eines Fotos das Begreifen eines plötzlichen Todes fördert, kann hier genauso angebracht sein wie die entlastende Versicherung, dass es in Ordnung ist, dazu (noch) nicht in der Lage zu sein.

Es ist allgemein üblich, Hinterbliebene nach einem plötzlichen Tod mit dem Hinweis zu trösten, der Verstorbene sei so schnell gestorben, dass er nichts mehr gespürt habe. Es mag aber auch sein, dass gerade diese Vorstellung für die Hinterbliebenen besonders qualvoll ist: Ihm wurde nicht einmal die Zeit gewährt, ein »Sterbeerlebnis« zu haben, er durfte keine Lebensbilanz ziehen, nicht Abschied nehmen, sich nicht einverstanden erklären. Hier kann es vielleicht entlastend wirken, wenn wir den Trauernden von Nah-Tod-Erlebnissen erzählen, und ihnen versichern, dass der Verstorbene für alles, wofür länger Sterbende genug Zeit haben, in sehr kurzen Momenten durchlaufen haben kann. Die Plötzlichkeit seines Sterbens muss ihn nicht notwendig daran gehindert haben, sich seinen Tod zueigen gemacht zu haben.

Bei einem Tod, der Menschen völlig unvorbereitet trifft, ist der Schrei »Warum?« vielleicht besonders laut. Wir sollten bereit sein, diesen Schrei, diese Anklage auszuhalten und mitzurufen, ohne gleich Antworten parat zu haben, die wir ohnehin nicht wirklich geben können, und ohne die existenzielle Wichtigkeit dieses Schreis in seiner Bedeutung herabzumindern. Erst später kann es angebracht sein, behutsam anzudeuten, dass es nicht Aufgabe der Menschen ist, solche Fragen zu beantworten, dass es vielleicht sinnvoller wäre, sich auf die eigene Traurigkeit über das Geschehen zu konzentrieren. Wir könnten den Trauernden die Hoffnung in Aussicht stellen, dass ihnen mit der Zeit auch »theologisch« die Bewältigung dieses Schocks gelingen wird.

In Gesprächen kann auch durch unsere Haltung das Vertrauen gestärkt werden und wachsen, dass irgendwann einmal alles »gut« und »richtig« sein wird, dass Gott ganz sicher in der »Nachbereitung« dessen da ist, was uns so unvorbereitet getroffen hat.

Ich hatte gerade beschlossen, das Licht auszumachen, da klingelte das Telefon. Es war zehn nach elf in der Nacht vom Freitag zum Sonnabend. Am Apparat war die Sekretärin meines Chefs. »Sitzt du?« fragte sie. Ihre Stimme klang seltsam. »Ja?« »Oh, ich wollte, ich wäre jetzt bei dir (...) Es ist etwas Furchtbares passiert (...) Bist Du stark?« fragte sie. »Ja – was ist denn los? Nun sag schon!« »Chris ist tot.« Es war das allerletzte, was ich erwartet hatte. Die Frau am Telefon hatte verständlicherweise keinen Spaß an ihrer Rolle als Überbringerin der Todesnachricht. Noch ein paar zusätzliche Informationen, und nachdem ich ihr mehrfach versichert hatte, dass ich »schon klarkäme«, legte sie schnell auf. Ich bewegte mich nicht. Keinen Muskel. Ich weiß nicht, wie lange. Eine Viertelstunde vielleicht, vielleicht auch länger. Dann musste ich mit jemandem reden, musste es jemandem erzählen, musste die Worte aussprechen (...) Jane hörte mir mehr als eine Stunde lang zu.

Nina Herrmann

In Wirklichkeit existiert der Zufall gar nicht. Was wir Zufall oder Schickung nennen, ist nichts anderes als der Wille Gottes unter einem anderen Namen. Oft ist es schwer, den Willen Gottes zu erkennen, weil er sich in den Ereignissen des täglichen Lebens verwirklicht, in den Naturgesetzen und in der Geschichte, im Zufall, im Schicksal, in Schickungen und Zufälligkeiten (...)

Meistens nennen wir nur das Außergewöhnliche in unserem Leben Vorsehung oder das, was gerade in unsere Pläne passt und von dem wir meinen, dass es gut für uns ist. Wir nennen es Vorsehung, wenn wir unverletzt einen Verkehrsunfall überstehen oder wenn wir im letzten Augenblick das abgestürzte Flugzeug verpasst haben, und denken nicht daran, dass auch das Umkommen bei einem Unfall oder einem Flugzeugabsturz gleichermaßen Vorsehung ist. Im Grunde ist diese unsere Einstellung ein Überbleibsel (...) des Glaubens, dass es zwei Götter gibt, einen guten und einen bösen, und dass die Vorsehung der Triumpf des guten Gottes über den Gott des Chaos und der Katastrophen ist. Aber es gibt nur einen Gott (...)

Ernesto Cardenal

Ein Gefühl, leichter zu werden, frei zu fließen.
Für manche dauert es nur einen einzigen,
ununterbrochenen Seufzer, andere steigen allmählich auf.
Beide Wege sind möglich, beide versetzen das
Herz
in unerwartete Freude und bringen uns, wohin
wir gehen.
Es ist,
als zögen wir einen Schuh aus,
der zu eng war.

Stephen Levine

Und eine Frau erhob die Stimme und sprach: »Rede uns vom Schmerz.«

Und er antwortete:

Schmerz bedeutet das Brechen der Schale, die euer Verstehen umschließt. Genau wie der Obstkern brechen muss, auf dass sein Herz der Sonne ausgesetzt sei, ebenso müsst auch ihr den Schmerz erleben.

Und vermöchtet ihr, das Staunen über die täglichen Wunder des Lebens in euerm Herzen lebendig zu bewahren, so schiene euch der Schmerz nicht weniger wunderbar als die Lust. Und ihr nähmet hin die Zeitläufe eures Lebens, so wie ihr stets die Jahreszeiten hinnahmet, die über eure Felder gleiten. Und ihr wachtet mit Heiterkeit durch die Wintertage eures Grams.

Khalil Gibran

Im Tod erleidet der Mensch den Verlust an äußerer Energie, in diesem Augenblick ist aber zugleich seine Welt, die Welt, an der er reif geworden ist, in ihm total verinnerlicht: Der Mensch hat sich ein Stück Welt total zueigen gemacht.

Gisbert Greshake

Der Tod ist kein Abschnitt des Daseins, sondern nur ein Zwischenereignis, ein Übergang aus einer Form des endlichen Wesens in eine andere.

Wilhelm von Humboldt

Ich floss in wunderbar durchatmeten Zwischenreichen, denen ich mir kaum ahnend bewusst war …

Johann Christoph Hampe

Du magst suchen
und suchen.
Letzte Antwort
auf die Frage
nach dem Leid
wirst du nicht finden
in dieser Welt.
Doch suche
dies Geheimnis zu ergründen,
woran es liegt,
dass Menschen versteinern
unter ihrer Leidenslast,
verhärten und verbittern,
und anderen
wird das schmerzdurchpflügte Herz
zum Acker.
Die Tränensaat geht auf
zu Güte, Verstehen und Erbarmen.

Sabine Naegeli

Er ist nicht tot, und seine Worte schweben
im Raum des Geistes über unserm Leben.

Rose Ausländer

VI. Kindstod

> *Trauer ist ein Fluss,*
> *in dem man nicht gegen den*
> *Strom schwimmen kann.*
> Verfasser unbekannt

»So etwas darf doch nicht sein!« So reagieren zumeist auch nicht unmittelbar Betroffene, wenn sie vom Tod oder vom Sterben eines Kindes erfahren. Besonders Menschen, die selbst Eltern sind, identifizieren sich schnell und heftig mit dem Geschehen. Sie sind entsetzt wie aus einer eigenen Betroffenheit heraus und bekommen schreckliche Angst um ihre eigenen Kinder. Gerade das macht es so schwer, sich einer Begegnung, einem Telefonat mit den wirklich Betroffenen zu stellen, oder ihnen einen Brief zu schreiben.

Hier wäre es ganz wichtig, zunächst bei sich selbst zu bleiben, das eigene Schockiertsein wahrzunehmen und zuzulassen. Vielleicht wird es dadurch möglich, für eine Weile bewusst innerlich etwas distanzierter zu werden, um überhaupt reagieren zu können, um die eigene Sprachlosigkeit zu überwinden, gerade weil die Angehörigen und besonders die Eltern verstorbener oder sterbender Kinder in ihrem stummen Entsetzen die Worte anderer lebensnotwendig brauchen. Es kann auch hilfreich sein, sich vor einem Gespräch oder einem Brief selbst durch ein Gebet oder irgendwie anders zu »erden«, um den Mut dafür zu finden und die eigenen Ängste nicht ungefiltert auf die Betroffenen zu werfen.

Andererseits kann es den Trauernden sicher auch gut tun, wenn man ihnen die eigene echte Betroffenheit zeigt und mit ihnen weint. So können sie sich weniger einsam in ihrem Aufruhr fühlen, wenn sie sehen, dass die Welt auch für Fernerstehende unwiderruflich anders geworden ist.

Eltern, die ein Kind verloren haben, fühlen sich, besonders wenn das Kind sehr klein war, nicht nur seelisch, sondern ganz leiblich »amputiert«. Die natürliche Symbiose zwischen Eltern und Kind wurde nicht langsam gelöst, sondern mit einem Ruck auseinander gerissen. Zurück bleiben Menschen mit einer »offenen Seite«. Hier kann es helfen, mit den Eltern zusammen in Zärtlichkeit für das verstorbene Kind zu schwelgen, ihnen zu sagen, wie sehr man es selbst gemocht hat. So kann man mit ihnen gemeinsam die Bindung an ihr Kind beleben, die sie noch nicht losgelassen haben und wohl niemals ganz werden loslassen können. Das schafft für Momente in der inneren Welt einen Raum für die noch bestehende Symbiose.

Verwaiste Eltern haben erzählt, dass es ihnen sehr geholfen hat, sich den Ort auszumalen, an dem ihr Kind jetzt ist oder zu dem es bald gehen wird: Sie haben sich einen weiten, leichten Himmel vorgestellt, die offenen Arme Gottes, Abrahams Schoß oder Marias bergenden Mantel. Wir sollten sie in diesen Bildern bestärken oder sie behutsam dazu anregen, auch wenn wir selbst nicht so recht daran glauben können, weil es ihnen in ihrer Verzweiflung sehr hilft, sich die jenseitige Existenz ihres Kindes als geborgen und heil vorzustellen. Sie werden es wahrscheinlich auch als sehr tröstlich empfinden, wenn sie sich ihr Kind in Engelsgestalt vorstellen, wenn sie in einem immer wiederkehrenden Schmetterling seine Nähe spüren oder ihr Kind ganz sichtbar als Stern am Nachthimmel betrachten. Wenn wir bedenken, dass solch tröstliche Bilder sehr hilfreich sind, um die Verbindung mit dem Kind über den Tod hinaus begreifbar zu machen, werden wir uns hüten, sie bei uns selbst als »naiv« abzutun, sondern wir können sie verwaisten Eltern vorsichtig anbieten und sie mit ihnen weiter ausspinnen.

Eine Frau, die ihre Tochter durch einen Unfall verloren hatte, selbst schwer krank geworden war und operiert werden musste, erzählte nachher: »Ich wollte nicht mehr leben und ich wusste, dass ich aus der Narkose nur wieder aufwachen würde, wenn ich leben wollte. Ich musste mich entscheiden: Ich habe ein Kind ›oben‹ und eines ›unten‹, wohin sollte ich gehen? Ich habe mich für das ›unten‹ entschieden. Es braucht mich mehr. Das ›oben‹ ist gut aufgehoben.«

Bereit zu sein, nach dem Tod eines Kindes weiterleben zu wollen, ist eine bittere Entscheidung, eine Entscheidung, die oft nur schweren Herzens getroffen wird. Vielleicht sollten wir sie nicht für selbstverständlich nehmen, sondern ihr großen Respekt zollen und den dazu nötigen Mut und die aufgebrachte Kraft in anerkennenden Worten unterstützen.

Unterstützend ist gewiss auch ein Hinweis auf entsprechende Selbsthilfegruppen und das Angebot, die Betroffenen bei der Vermittlung eines solchen Kontaktes zu begleiten.

Wenn der Schmerz dann nicht mehr ganz so frisch ist, kann für verwaiste Eltern, Großeltern und Geschwister sicherlich auch die Zusage ein Trost sein, dass das verstorbene Kind jetzt »ganz« und heil ist, nicht nur seelisch, sondern auch leiblich vollendet trotz seiner auf Erden so früh abgebrochenen Entwicklung.

Unsere Tochter Nina ist fast 15 Jahre, als sie durch die Unachtsamkeit eines Lastwagenfahrers ums Leben kommt. Mit der Nachricht von ihrem Tod ist von einer Sekunde zur anderen die Sonne in meinem Leben untergegangen – vor mir liegt nur Dunkelheit. Alle Wünsche, Perspektiven, Ziele und Erwartungen sind mit einem Schlag ausgelöscht. Alles, was bisher Bestand hat, alle Werte, aller Glaube fallen in sich zusammen. Mein Selbst- und Weltbild, mein Gottesbild liegt in Trümmern. Mein vermeintlich so sicheres, standfestes Lebensgebäude ist in sich zusammengefallen.

In intensiven Gesprächen tauschen besonders mein Mann, unser Sohn und ich bis heute unsere Überlegungen, Fragen, Erinnerungen und Empfindungen aus. Voller Trauer, Schmerz und Sehnsucht beginnt eine mühsame Suche in den Trümmern meines Lebens nach Bausteinen, um wieder ein Lebensgebäude aufzubauen. Werte, Glaubenssätze, Sinnfragen, Widersprüche: Alle diese »Steine« nehme ich in die Hand, wende sie hin und her, prüfe, verwerfe, lege beiseite, baue ein. So entsteht sehr bald ein eigenes »Glaubensbekenntnis«, mein Glaubensgebäude, in das ich mich zurückziehen, Kraft schöpfen und ein wenig Ruhe und Frieden finden kann (...)

Und so »weiß« ich für mich sicher: Nina lebt. Sie ist in Licht und Wärme gehüllt. Sie ist gut aufgehoben, und wir werden uns wieder sehen. Sie hatte ein tiefes, für sie und uns nicht erkennbares Wissen von ihrem kurzen Lebensweg und ihrem bevorstehenden Tod. So wie es für Nina vorgesehen war, dass ihr Leben nur knapp 15 Jahre währen sollte, so ist es für uns vorgesehen, mit diesem Verlust zu leben.

Ein weiteres Bild entsteht in mir:
Auf diesem »einen Bein« von Glauben bzw. Wissen kann ich recht sicher stehen. Die vielen offenen Fragen und Widersprüche beeinträchtigen seine Standfestigkeit nicht. Aber das »andere Bein« sind der Schmerz, die Trauer und die immer größer werdende Sehnsucht nach Nina. Eine Sehnsucht, die mich beherrscht, ein Schmerz, der mir die Luft zum Atmen nimmt, eine Trauer, die mich lähmt. Auf einem solchen Bein kann man nicht stehen, geschweige denn gehen, ich verharre auf der Stelle. Kann das zweite Bein jemals heilen und stark genug werden, mich wieder durchs Leben zu tragen? Immer wieder befällt mich ein Gefühl von Sinn- und Kraftlosigkeit und so oft der Wunsch, Nina nachzusterben.

Mein Leben ist bestimmt durch die Liebe und die Verantwortung für meinen Mann und meinen Sohn und durch die Hoffnung auf das Wiedersehen mit Nina – und jeder Tag, den ich hier aushalte, bringt mich ihr einen Tag näher.

Gabriele Richter

In Dunkelheit hast du, meine Lucia, deinen Vater zurückgelassen, nachdem du, meine Tochter, mir aus dem Licht in die Finsternis entrissen worden bist. Oder weilst du gar nicht in der Finsternis, die du schon verlassen hast, und strahlst klar inmitten der Sonne? So seh' ich dich am Himmel, meine Tochter; siehst du auch deinen Vater? Oder schafft sich dein Vater nur ein Trugbild? Nun deckt dich dieses Grab und kann den Schmerz über den grausamen Tod nicht lindern. Im Staub wohnt kein Leben mehr (...) Wir führen ein Leben in Düsternis und Trauer; dies ist der Preis, meine Tochter, den ein Vater zahlen muss, wenn er Kinder hat.

Giovanni Pontano

Ach Herr,
wenn ich ruhelos irre
des Nachts
und suche
und irre
durch leere Räume
und suche,
was für immer verloren,
dann flöße du mir,
Gott,
Frieden ins Herz.

So will ich mich legen
und wiegen
den Schmerz
in meinen Armen
zärtlich
wie das verlorene Liebste.

Sabine Gäbe

»Ich lasse mich scheiden«, mit diesen Worten kommt eine Mutter, die um ihr einziges Kind trauert, in den Gruppenabend. »Wir können überhaupt nicht miteinander über den Tod unserer Tochter sprechen. Und wenn wir es versuchen, kommt es nur zu gegenseitigen Vorwürfen und damit zum Streit. Und danach wieder zur Sprachlosigkeit. Mein Mann stürzt sich in die Arbeit, kommt abends immer später nach Hause. Und ich, ich kann mich mit nichts anderem als mit meiner toten Tochter beschäftigen. Ich falle zu Hause von einem Sessel in den anderen, bin nur fähig, die Fotos meiner Tochter wieder und wieder anzuschauen. (...) Selbst nachts sitze ich oft im Sessel und versuche mir vorzustellen, wie ihr Tod gewesen ist, (...) was sie kurz vorher gespürt, gedacht, gefühlt haben könnte. Häufig mache ich auch gar nichts, sitze da, starre die Wände an oder durch sie hindurch – unfähig, mich zu bewegen. Mein Mann hält es nicht aus mit mir – er hält meine intensive, sichtbare Trauer nicht aus. Er hält mich nicht aus, auch nicht meine Tränen – weinen kann ich gut, unglaublich, wie viele Tränen ich habe! Ihn sehe ich nie weinen.«

Anja Wiese

Die schreckliche Wahrheit »Unser Kind ist tot« fällt über das Paar her, über diese Zwei, die eins geworden sind. Und auf einmal sind es wieder zwei.

Anja Wiese

Als unser Sohn Josha noch nicht geboren war, dachte ich auch, dass ich den Tod verstünde. Aber erst seit ich Vater bin, verstehe ich ihn wirklich

Anne Michaels

»Ich hatte von meinem toten Kind schon Abschied genommen. Da machte Mirko plötzlich die Augen noch einmal auf und sagte: ›Ich bin an einem wunderschönen Ort. Hier ist so viel Licht und ein Bach, in dem ich spielen kann. Ich möchte gern, dass du mir nachkommst. Ich will hier auf keinen Fall wieder weg.‹ Das waren Mirkos letzte Worte.«

Anne-Marie Tausch, aus einem Interview

Du
du bist
ein tiefes Blau
im Himmel meiner Wahl
sternengleich

Kay

VII. Freitod

Nur einer konnte nicht mehr froh werden,
und im Herzen entstand Melancholie,
und der Entschluss zu sterben reifte in ihm
wie ein dunkelroter Apfel.
Robert Schneider

Die Unbegreiflichkeit des großen, dunklen Todes ist bei einem Freitod für die Zurückbleibenden ins Unermessliche gesteigert. Neben der »normalen« Trauer mit ihren Verlust- und Sehnsuchtsgefühlen haben Hinterbliebene hier über das normale Maß hinaus mit der Absurdität eines besonderen Todes und oft auch mit ungelösten Schuldverstrickungen fertig zu werden. Vor allem müssen sie damit zurecht kommen, dass ein Suizid eine totale Absage an die Welt und eine Gewalttat ist, die ein Menschenleben auszulöschen imstande war. Mitunter sind sie zerrissen vor Mitleid mit der Verzweiflung und der Einsamkeit des Verstorbenen. Solche Angehörigen sind mehr noch mit starken Gefühlen konfrontiert als sonst bei einem Todesfall.

Eine junge Frau, die zwei kleine Kinder hat und deren Mann sich das Leben genommen hatte, hat sich fast zwei Jahre lang von der Wut über sein »Sich-Davon-Schleichen« ernährt. Nur so fand sie die Kraft, ihre Kinder zu versorgen und ihren Alltag zu bewältigen. Das alles darf sein! Wir sollten – auch innerlich – nicht entsetzt sein über mächtige negative Gefühle bei den Hinterbliebenen nach einem Freitod, sondern sie als Ausdruck lebensstarker, kreativer und kraftvoller Impulse verstehen, mit dem Geschehenen fertig zu werden.

Bei den meisten Suizidenten war die Beziehung mit den ihnen nahe Stehenden schon vor ihrem Tod sehr belastet. Die Katastrophe hatte oft schon lange ihre Schatten vorausgeworfen. Es kann also gerade hier sinnvoll sein, den Angehörigen Raum zu geben, ausführlich und immer wieder über ihre Beziehung zu dem Toten, so wie sie im Leben war, zu sprechen. So könnte man ihnen beim »Aufräumen« helfen, beim Ordnung machen da, wo der Verstorbene Unordnung hinterlassen hat. Wie ich mit den Verlassenen spreche, wird entscheidend auch davon abhängen, wie »frei« der Tod dessen gewesen ist, der sich das Leben genommen hat, bzw. wie verzweifelt und psychisch krank er gewesen ist. Vielleicht kann es hier befreiend wirken, die Überzeugung zu äußern, der Verstorbene sei nun »erlöst«, seelisch gesund und in dieser neuen seelischen Gesundheit gewiss nun auch seinerseits auf die »Erlöstheit im Leben« seiner Hinterbliebenen bedacht. Für ihn ist es vorbei. Er ist durch. Er hat nun andere Augen als vor seinem Tod und kann besser als im Leben annehmen, wie sehr umsorgt und geliebt er war und noch ist.

Nach einem Freitod können wir die Hinterbliebenen auch vorsichtig ermutigen, die Brücke der Beziehung jetzt auf andere Pfeiler zu stellen als auf die gegenseitiger Schuldzuweisungen; wir können sie ermutigen, die Beziehung nun allein und selbständig noch einmal neu zu gestalten für sich selbst und damit letztlich auch für den anderen, der sich aus ihr nicht anders hat lösen können als durch den Tod.

Möglicherweise ist es für die Verlassenen auch tröstlich, wenn man selbst Respekt vor der Entscheidung des Toten gegen das Leben äußert. So könnten auch sie ihn auf besondere Weise als »vollendet« ansehen. Diese Sichtweise seines Todes wird sie stärken, sich ihrerseits, und anders als er, für das Leben mit all seinen Brüchen und Unvollkommenheiten zu entscheiden.

Für viele, die nach einem Suizid zurückbleiben, ist auch heute noch der gesellschaftliche Makel besonders belastend, die Peinlichkeit vor anderen und die peinliche Berührtheit seitens der anderen. Hier hilft unter Umständen der Hinweis, dass es sozusagen einen Akt nachträglicher Solidarität mit dem Verstorbenen darstellt, sich über derlei hinwegzusetzen, wie er selbst es ja mit seinem Tod auch getan hat. Angehörige werden dann bald entdecken, dass fast alle Menschen einmal in ihrer Familie oder näheren Umgebung mit einem solchen Tod zu tun hatten.

In jedem Fall wird auch hier für die Hinterbliebenen die Aufforderung entlastend wirken, sich mit der Bewältigung ebenso viel Zeit zu lassen wie mit der nachträglichen Aufarbeitung der Beziehung.

Wir können ihnen gegenüber auch die Hoffnung äußern, dass sich der enge Pfad einer geduldigen und ganz individuellen Bewältigung dessen, was geschehen ist, weiten wird zu einem Weg ins Leben zurück.

Ich habe gewartet, er ist aber nicht gekommen. Zuerst hatte ich Wut, weil ich immer auf ihn warten musste, weil er nie pünktlich kam. Dann war es aber auch so, dass ich irgendwie eine Ahnung hatte, auf einmal so ein Gefühl bekam: Da ist was passiert! (...)

Ich wollte gleich hinfahren. (...) Als ich dann endlich ankam, hatten sie ihn gerade ins Krankenhaus transportiert. (...) Er habe so etwas wie Pflanzenschutzmittel, also Gift, geschluckt. In der Küche habe er irgendetwas zusammengemischt und das dann getrunken. (...)

Irgendwie schaffte ich es dann noch, mich zusammenzureißen, und ich saß dann ziemlich lange bei ihm am Bett und redete ihm zu. Sein Freund war auch dabei. Irgendwann mal hat Horst dann angedeutet, wir sollten jetzt gehen, er wolle allein sein. (...)

Am anderen Morgen ging ich dann wieder ins Krankenhaus. (...)

Als ich dort ankam, sagte man mir: »Ja, der ist nicht mehr da. Der ist weg! Er ist abgehauen heute Nacht, morgens gegen fünf.« (...)

Vom Krankenhaus wurde die Polizei gerufen. Die haben alles durchsucht, mit dem Hubschrauber sind sie über die ganze Stadt geflogen und haben auch in der Umgebung vom Krankenhaus und überall und bei allen Leuten gesucht. Ja, im OP-Hemd ist er weg. Er hatte ja gar nichts anzuziehen, nur ein weißes Hemd sonst nichts.

Und wir, wir telefonierten dann herum, riefen alle Bekannten und Verwandten an und unternahmen weiß der Teufel was alles. Keiner hatte ihn gesehen!

Ich war sowieso total handlungsunfähig, ich konnte überhaupt nichts machen. (...) Wir wussten immer noch nichts.

So ging das fast zwei Wochen. Das war wirklich furchtbar!

Mir wurde (...) immer klarer: »Er kann nicht mehr leben, nur mit seinem Hemdchen bekleidet, und keiner hat ihn gesehen.« Aber solange man ihn nicht gefunden hatte, war da immer noch ein kleiner Faden, an den man sich dranhängte: »Ja, vielleicht doch noch.« (...)

Nach zwei Wochen rief der Schwager wieder bei mir an. (...) Irgendwelche Leute hatten ihn in einem abgelegenen Fabrikschuppen gefunden, in den sonst keiner reinkommt. Er hatte sich da aufgehängt. (...)

Zuerst war ich selbst total am Boden zerstört. Ich hatte wahnsinnige Schuldgefühle, weil alles zwischen uns – die Beziehung – sehr kompliziert und konfliktreich war und ich mich auch öfter von ihm trennen wollte, das aber letztendlich doch nie schaffte. Er hat mir auch vorher häufig Schuldgefühle gemacht, ich sei die Ursache dafür, dass es ihm so schlecht gehe und solche Sachen. (...)

Und so gegen Schluss, die letzten Monate zog er sich immer mehr zurück und hatte keine richtigen Freunde oder Bekannten mehr. Es gab da nur noch diesen einzigen Freund, und mit dem verkrachte er sich zum Schluss auch noch. Und dann kam immer: »Ja, es mag mich niemand!« (...)

Ich glaube, dass das, was später geschah, ziemlich stark mit unserer Beziehung zusammenhing, eben, weil er sich da so unheimlich reinverbissen hatte, dass er gar nichts anderes mehr gesehen hat.

Ursula Heilborn-Maurer, aus einem Interview

Es war eine Sehnsucht nach der Verwandlung, die der Tod bringt. Ich wünschte, diese Erde zu berühren, eins zu werden mit ihr, teilhaftig noch einmal der blinden, wunderbaren Macht, die zum Licht drängt, die Säfte emporschießen läßt und sich entfaltet zur Form.

Marie Luise Kaschnitz

Er erteilte eine Absage, das stimmt. Aber das tut er gegenüber der ganzen Welt, nicht nur gegenüber den Leuten, die er kannte. Er erteilt eine Absage an die Welt, indem er ihr alles – auch sich selbst – um die Ohren schlägt.

Ursula Heilborn-Maurer, aus einem Interview

Schließlich wird der Selbstmord abgelehnt, weil er selbst so völlig ablehnend ist.

A. Alvarez

Ich bin bewohnt von einem Schrei.
Nachts flattert er aus
und sieht sich, mit seinem Haken, um nach etwas zum Lieben.

Sylvia Plath

Ich schaudere nicht, den kalten, schrecklichen Kelch zu fassen, aus dem ich den Taumel des Todes trinken soll! Du reichtest mir ihn, und ich zage nicht. All! all! So sind alle die Wünsche und Hoffnungen meines Lebens erfüllt! So kalt, so starr an der ehernen Pforte des Todes anzuklopfen.

Johann Wolfgang Goethe

Tatsächlich (...) steht der Mensch vor dem Absprung gleichsam noch mit einem Bein in der Logik des Lebens, mit dem anderen aber in der widerlogischen Logik des Todes.

Jean Améry

Langsam hat meine Auseinandersetzung mit ihrem Tod eher egoistische Züge bekommen. Am Anfang war der Gedanke für mich sehr, sehr schlimm, wie einsam man sein muss, um sich irgendwo nachts im Wald ins Auto zu setzen und sich umzubringen. Es war für mich furchtbar, mir vorzustellen, wie meine Schwester, die ich eigentlich recht lieb hab', im Auto sitzt und total allein ist, wenn sie sich umbringt (...)

Am Anfang versetze ich mich noch stärker in ihre Rolle, und jetzt bin ich wieder mehr bei mir angelangt: dass sie mir fehlt.

Ursula Heilborn-Maurer, aus einem Interview

Denn wir kennen kein Rätsel, das drangsäliger wäre als der Tod, und im Inneren dieses der Freitod, der die allgemeine Todeskontradiktion oder Todesabsurdität steigert und vervielfacht – ins Unermessliche.

Jean Améry

Ist's denn Sünde,
zu stürmen ins geheime Haus des Todes,
eh' Tod zu uns sich wagt?

William Shakespeare

VIII. Abschied

Unsere Freundschaft
wird mich nähren
über deinen Tod hinaus.
Thomas Meurer

»Es zerreißt mich vor Abschiedsschmerz!« Dieses Gefühl lernen wir nicht erst im Zusammenhang mit einem Todesfall kennen, sondern es ist uns schon seit unserer Kindheit vertraut. Aber während wir im Leben auch bei Abschieden, die wahrscheinlich für immer sein werden, die Fantasie haben können, uns vielleicht doch noch einmal wieder zu sehen oder den anderen »zur Not« finden zu können, ist der Abschied angesichts des Todes endgültig. Der Erfahrungsschatz, über den wir verfügen, kann uns jedoch auch beim Umgang mit einem »Abschied zum Tode« behilflich sein. Vor allem wissen wir, wie kostbar nachher ein bewusst genommener Abschied werden kann, eine letzte Begegnung, ein letztes Wort oder der letzte An-Blick. Ein solcher Abschied wird auch dann kostbar sein, wenn der oder die Sterbende nicht mehr aktiv daran beteiligt sein will oder kann.

Bei einem Abschied von Todgeweihten sind beide Seiten betroffen: Wir müssen zwar nicht sterben, aber Abschied nehmen müssen wir genauso wie der Sterbende selbst. Wir dürfen also zeigen, wie sehr wir uns einen »richtigen« Abschied wünschen, werden ihn aber genauso wenig wie im Leben erzwingen können. Manche Menschen scheiden auch mitten im Leben eher unverbindlich mit einem kurzen Kopfnicken und andere können Abschiede lange ausdehnen und intensiv gestalten mit Worten, Gesten und Geschenken. Das wird im Tode nicht anders. Es wird also wie im Leben darum gehen, hier die Balance zu finden zwischen den eigenen Wünschen und dem Bedürfnis der anderen. Auch wenn ich in meinem eigenen Empfinden authentisch bin, sollte ich den anderen nicht mit Gefühlen überschütten, die ihm womöglich zu viel sind. Anderseits könnte mir Kostbares verloren gehen, wenn ich mich dem Wunsch des Sterbenden entziehe, ganz bewusst einen Abschied zu gestalten.

Vielleicht ist die Situation auch so, dass man mit jemandem lange Zeit keinen Kontakt hatte und ihn erst auf dem Sterbebett wiedertrifft oder sich mit ihm in Verbindung setzen möchte. Dann ist die Scheu vor der Begegnung besonders groß. Wie der nachstehende Bericht zeigt, können aber Menschen, die ihre Scheu überwinden und den Mut haben, miteinander ausgesprochen kreative und sensible Abschiedsszenen entwickeln. Vielleicht ist es sinnvoll, einen Text, ein Gedicht oder Gebet mitzubringen, um die Kommunikation zu erleichtern. Hier kann man sich gewiss auf die eigenen Intuition verlassen, dem oder der Kranken gegenüber den richtigen Ton zu treffen. Bei einer Begegnung wird man erleichtert feststellen, dass kranke und sterbende Menschen selbst sehr gut imstande sind, die Situation »anzuleiten«, damit die Begegnung so verlaufen kann, wie es für beide gut ist.

Falls man die Befürchtung hat, angesichts des sterbenden Menschen von Entsetzen überfallen zu werden, kann es sehr hilfreich sein, sich selbst das Recht auf solche ganz natürlichen Empfindungen zuzugestehen und sich darauf zu verlassen, dass in einem Krankenzimmer zumeist eine ganz andere, ruhige Atmosphäre herrscht, in der wir manches als gar nicht so extrem empfinden werden.

Wenn Menschen, die sich lange kannten, die Zeit haben, sich in einem längeren Prozess voneinander zu verabschieden, können sie vielleicht miteinander regelrechte Abschiedsrituale entwickeln. Vielleicht kann sich auch als Teil einer solchen Abschiedszeremonie noch ein das ganze Leben zusammenfassendes Beziehungsgespräch ergeben oder unter Umständen sogar noch Ungeklärtes geklärt werden. Wenn man bei dem Sterbenden und sich selbst das Bedürfnis dazu spürt, sollte man sich diese Gelegenheit, miteinander ins Reine zu kommen, keinesfalls entgehen lassen, andererseits aber auch ein Gespür dafür entwickeln, dass einem Todgeweihten eine solche Auseinandersetzung vielleicht zu viel oder auch gar nicht mehr wichtig sein kann.

Jedenfalls wird es jeder gerne hören, wenn er gesagt bekommt, wie wertvoll er im Leben gewesen ist und wie sehr er fehlen wird. Wir können auch den sterbenden Menschen unserer Hoffnung auf ein Wiedersehen versichern und ihm mit unseren eigenen Worten eine »gesegnete Reise« oder ein »Gott sei mit dir« wünschen.

»Es war ein ganz starker Wunsch von meiner Freundin, dass ich sie noch streichelte. Sie sagte: ›Oh, das tut mir gut‹ und lächelte dabei. Sie legte ihre Hand auf meine Hand. Zwischendurch musste sie sehr oft spucken. Das war ihr unangenehm. Sie sagte: ›Guck weg!‹ Ich habe ihr aber gesagt: ›Warum soll ich weggucken? Es ist doch etwas sehr natürliches.‹ Ich hatte dann Schwierigkeiten, Abschied zu nehmen. Als ich das erste Mal zu ihr sagte: ›Du, ich werde jetzt gehen müssen‹, da sagte sie: ›Ja, ich will nicht, dass du das hier länger mitansiehst.‹ Irgendwie hörte ich aus ihren Worten heraus: Es wird dir wohl zu viel. Darauf bin ich dann noch geblieben, weil ich mich so zu unbehaglich fühlte, obgleich es mir irgendwie wirklich zu viel wurde. Es war so beides in mir. Dann bekam sie plötzlich ein Ferngespräch, und währenddessen konnte ich mich sammeln. Mich überkam plötzlich die Ahnung, dass es meiner Freundin sehr gut täte, wenn ich sie so richtig lieb in den Arm nähme. Ich konnte das erst nicht. Da war die Spuckschüssel da. Und irgendetwas trieb mich auch weg von ihr. Ich habe dann plötzlich so eine Kraft in mir empfunden, dass ich es konnte. Vorher hab ich so irreale Sachen gedacht, so an Anstecken und so etwas. Das war auch schön für mich, zu erleben, dass ich das plötzlich konnte. Sie sagte: ›Ach Gertrud, diese Schüssel!‹ Und ich antwortete ihr: ›Das ist doch jetzt egal, ob deine Schüssel zwischen uns steht oder nicht!‹ Ich habe ihr einen Kuss auf die Wange gegeben. Und sie sagte: ›Ich will auf die andere Seite auch noch einen haben. Und auf die Stirn.‹ Sie hat mir auch einen Kuss gegeben.

Dann habe ich zu ihr gesagt: ›Du, ich verabschiede mich jetzt von dir.‹ Sie wusste, dass ich für einen Monat zur Kur musste. Ich war irgendwie sehr traurig.

Als ich noch immer blieb, sagte sie mir ihren Konfirmationsspruch. Und ich habe ihr noch etwas vorgelesen. Sie strahlte so. Dann habe ich ihr meinen Lieblingspsalm gesagt, und da stockte ich, weil ich plötzlich heulen musste. Da hat sie den Psalm weitergesprochen und dann haben wir ihn zusammen gesagt. Danach meinte sie zu mir: ›Weine doch ruhig!‹ Sie selbst weinte nicht, aber sie war nahe dran. Ich habe einen tiefen Schmerz gespürt – so die Todesangst. Und dann ist da plötzlich wieder so eine Kraft in mir da gewesen, mitten in meinem Durcheinander von Schmerz, Angst, sie zu verlieren, Hilflosigkeit. Plötzlich war da nur Kraft und Liebe. Ich fühlte so eine Helligkeit in ihrem kleinen Krankenzimmer. Es war so, als ob die Sonne aufgeht in der Traurigkeit, die wir beide miteinander erlebten, und in dem Abschied. Ich spürte Frieden in mir. Das ist Glück gewesen, was ich da an ihrem Bett erlebt habe. Es war nur noch Liebe da, ungeteilte Liebe. Und dann habe ich mich losgerissen. Und sie nahm meine Hand und sagte: ›Deine Kur wird sicher gut für dich werden.‹ Und das war mir wie eine Verheißung. Als ich ging, hatte ich ein Glücksgefühl und spürte, sie wird immer um mich sein, auch wenn sie nicht mehr da ist.«

Anne-Marie Tausch

Denn das ganze Geheimnis des Todes liegt darin, dass man sich mit ihm nur versöhnen kann, wenn man einen anderen Menschen an seiner Seite unendlich lieb gewinnt.

Nur in der Liebe erschließt sich die unendliche Schönheit und die absolute Notwendigkeit der Existenz eines bestimmten Menschen; nur in der Liebe taucht man gewissermaßen an den Anfang der Schöpfung zurück und vollzieht von innen her den Entschluss Gottes nach, der von Ewigkeit her wollte, dass es diesen Menschen gibt (...)

Vor allem nämlich schenkt die Liebe das Bewusstsein, dass es den anderen nicht nur von Ewigkeit her geben sollte, sondern auch zugleich in Ewigkeit geben muss.

Eugen Drewermann

Oft muss sie sich darüber wundern, wie man sich daran gewöhnen kann, dass Leib und Glieder nicht mehr so zu Diensten stehen wie früher. Sie registriert das eher, als dass sie es beklagt, im Gegenteil, wo etwas noch leidlich funktioniert, erstaunt sie das eher. Geruch und Geschmack sind auf der Höhe geblieben. Die Gerüche erscheinen ihr sogar herrlicher von Jahr zu Jahr (...) Die Sinnesorgane, so nahe beim Verlöschen, machen so etwas wie eine große Gala aus ihrem Abschied von der Welt. Nie war das Rot so rot, das Brot so köstlich, das Fächeln des Windes so zärtlich.

Vilma Sturm

›Rufe alle an, die auch zu meinem Begräbnis eingeladen werden, und frage sie, ob sie meinen Abschied vom Leben mitfeiern wollen.‹ Und wie eine Feier kam es mir vor. Ich hatte so an fünfzig Menschen erwartet, es kamen aber hundertfünfzig. Ich war zutiefst gerührt, als man mich in die Kapelle brachte. Eine Stunde vorher war ich noch so krank (...)

Anne-Marie Tausch

Wohl fühl ich, wie das Leben rinnt
und dass ich endlich scheiden muss,
dass endlich doch das letzte Lied
und endlich kommt der letzte Kuss.

Noch häng ich fest an deinem Mund
in schmerzlich bangender Begier;
du gibst der Jugend letzten Kuss,
die letzte Rose gibst du mir.

Du schenkst aus jenem Zauberkelch
den letzten goldnen Trunk mir ein;
du bist aus jener Märchenwelt
mein allerletzter Abendschein.

Am Himmel steht der letzte Stern,
o halte nicht dein Herz zurück;
zu deinen Füßen sink ich hin,
O fühl's, du bist mein letztes Glück!

Lass einmal noch durch meine Brust
des vollsten Lebens Schauer wehn,
eh seufzend in die große Nacht
auch meine Sterne untergehn.

Theodor Storm

Wer dem Schmerz aus dem Weg geht,
wird auch unfähig zu lieben.

Anselm Grün

Weinet, weinet, meine Augen,
Rinnt nur lieber gar zu Tränen!
Ach, der Tag will euch nicht taugen,
Und die Sonne will euch höhnen!
Seine Augen sind geschlossen,
Seiner Augen süßes Scheinen;
Weinet, weinet unverdrossen,
Könnt doch nie genugsam weinen!

Annette von Droste-Hülshoff

Solche Situationen, wo Menschen einander das Unsagbare erzählen, sind die höchste und kostbarste Form, die sich erleben lässt.

Wolfgang Teichert

Und wieder ergriff Almitra das Wort und sprach: »Und wie ist es um die Ehe, Meister?« Und er antwortete also: »Vereint seid ihr geboren, und vereint sollt ihr bleiben immerdar.

Ihr bleibt vereint, wenn die weißen Flügel des Todes eure Tage scheiden. Wahrlich, ihr bleibt vereint selbst im Schweigen von Gottes Gedenken.

Doch lasset Raum zwischen euerm Beieinandersein, und lasset Wind und Himmel tanzen zwischen euch.«

Khalil Gibran

Schöne Geliebte,
mein Baum,
dir im Gezweig
hoch mit offener Schläfe
gegen den Mond
schlaf ich, begraben
in meine Flügel.

Schlaf ich –
du reichst mir ein Salzkorn,
geschöpft im unbefahrenen Meer,
ich geb dir wieder
einen Tropfen Regen
aus dem Lande,
wo keiner weint.

Johannes Bobrowski

Meine Trauer um dich:

wie zerbrechliche Schalen
gefüllt mit Körnern und
Salz,
mit dem Tränenbrot des
Abschieds

Unsere Freundschaft
wird mich nähren
über deinen Tod hinaus.

Thomas Meurer

Das Allerinnerlichste aber, die Sprache des Herzens, die Berührung der Seelen, ist in sich selbst Beweis, Verheißung und Erfüllung einer Seligkeit, die von Gott selber ist und nie vergeht.

Eugen Drewermann

IX. Sehnsucht

> *Und nun lebe ich mit Gliedern,*
> *in die der Frühling nicht fahren will.*
> Sabine Gäbe

»Sehnsucht ist Qual!« »Krank sein vor Sehnsucht.« Dichterwort und Volksmund drücken eines der elementarsten menschlichen Gefühle aus. Sehnsucht treibt um, macht unruhig, lässt weitersuchen, auch wo man weiß, nicht finden zu können. So ist es im Leben, wenn Liebende getrennt sind, und so ist es über das Sterben hinaus. Die Sehnsucht bleibt und ist selbst in der Trennung des Todes Zeichen tiefer menschlicher Bindung.

Auch wenn Verstorbene ihr Leben ausgesöhnt lassen konnten, auch wenn Hinterbliebene von ganzem Herzen Abschied genommen haben, auch wenn alles »gut« war: die Sehnsucht bleibt. Die Arme bleiben leer, die Augen finden das vertraute Gesicht nicht wieder, Worte verhallen ungehört in viel zu leeren Räumen. Wenn wir den unsäglichen Herzschmerz derer, die zurück bleiben, ernst nehmen, können wir eigentlich nur verstummen. Da gibt es kaum Trost. Wenn wir dies in Demut annehmen, ist es vielleicht doch möglich, mit behutsamen Worten die Sehnsucht der Zurückgelassenen zu begleiten. Eine große Hilfe ist gewiss, wenn wir sie aushalten und vor ihrem überwältigenden Schmerz nicht zurückweichen. Ein wenig trösten könnte dann vielleicht auch der Hinweis, dass Sehnsucht ein Zeichen der Treue ist, die den Tod überdauert. Sie ist gleichsam der Spiegel für die Einzigartigkeit und Unersetzbarkeit des toten Geliebten.

Wenn man ein Bedürfnis dazu spürt, kann man mit Trauernden auch Erinnerungen an den oder die Tote aufleben lassen, Geschichten aus guten Tagen anregen und anhören. Selbst wenn der Schmerz dann zunächst heftiger wird, können wir doch auf diese Weise gemeinsam das innere Du der Trauernden stärken, sie sicherer machen, dass der Tote in ihnen weiter leben wird, und die Hoffnung auf neue Nähe nähren, wenn wir die Überzeugung äußern, dass die Getrennten sich einstmals wieder sehen werden.

In jedem Fall sollten wir uns vor den allgemein üblichen, aber billigen Vertröstungen hüten wie »das Leben wird weitergehen« oder »die Zeit heilt Wunden«. Trauernde tragen in ihrer Sehnsucht unheilbare Wunden in sich, und solche Aussagen sind nur aus der Rückschau wahr. Trauernde in ihrem Schmerz wissen es besser; sie wissen, dass es nie mehr so sein wird wie zuvor, dass gerade dieser eine, einzigartige Mensch der Welt auf immer fehlen wird, auch in einer Zeit, wo sie selbst getröstet ins Leben zurückgekehrt sein werden. Wir tun gut daran, dieses Wissen Trauernder zu respektieren. Auch im Leben kann man nicht »beschließen«, die Sehnsucht nach einem Menschen einfach zu lassen, das ist mit der Sehnsucht nach Toten nicht anders.

Vielleicht sollten wir deshalb die Zurückgebliebenen – so paradox das zunächst klingen mag – eher ermutigen, die Sehnsucht auszukosten, sie »auszutragen«, damit sie sich einmal weiten kann zu einer ursprünglichen Lebenskraft, die nicht mehr nur umtreibt, sondern voranträgt. Man kann die Sehnsuchtsvollen ermutigen, »den Schmerz zu umarmen«, ihre Sehnsucht leuchten zu lassen und ihnen so die Aussicht eröffnen, dass Sehnsucht zur stillen Begleiterin werden kann auf ihrem schwierigen Weg ins Leben zurück.

Falls tiefergehende Gespräche möglich sind, kann sicher auch der Gedanke trösten, dass menschliche Sehnsucht letztlich immer über den hinausreicht, den sie zunächst meint, dass sie sich selbst überschreitet hinein in eine Ursehnsucht des Menschen nach Gott, die sich nur von Gott selbst stillen lässt.

~

Am Tag des Frühlingsanfangs schütteten sie das ärmliche Samenkorn mit Erde zu. Das Licht erlosch. Es wurde finster in mir. Die Welt lag wieder im Schatten. Die Farben verloren ihren Glanz. Ich sah wie durch Milchglasfenster. Auf allem Schönen lag Asche. Der Birnbaum vor dem Stubenfenster, die Kaffeetassen auf dem Gestell in der Küche, die Bilder an den Wänden hatten ihre Bedeutung verloren. Meine Schritte widerhallten gespenstisch in den leeren Räumen unseres Hauses. Es ragte wie eine zerfallene Ruine aus dem Garten. Das Tageslicht schmerzte meinen Augen. Das volle Leben der Natur empfand ich als gemeine Provokation. Alle, die lebten, machten mich zornig. Der Anblick von Paaren weckte in mir Eifersucht. Telefonkabinen lösten Tränen aus. Ich suchte in der Menge nach dem Gesicht der Verlorenen und fand es nicht. Es hatte keinen Sinn sie zu suchen. Ich möchte dich suchen im Norden, im Süden, in Wüsten und Steppen, in der Tiefe des Meeres, in Verliesen und Schlössern, in Höhlen und Schluchten, in Hütten auf Bergen; in Wäldern und Sümpfen, in Städten und Straßen, im Gewimmel von Menschen bis ans Ende der Welt. Deine Augen, deine Lippen, dein Lächeln, deine Wangen, dein Leben, deine Hände

(...) Ich möchte dich suchen bis ans Ende der Welt.
Ich möchte dich suchen. Ich kann dich nicht finden.
Ich weiß, du bist tot.

Karl Guido Rey

Und kämst du da,
grad da entlang,
mein Herz
würd springen,
irr vor Freud,
springen
wie ein toller Hund,
der nicht mehr weiß,
dass je
du fort gewesen.

Sabine Gäbe

Tiefes, ödes Schweigen,
die ganze Erd' wie tot!
Die Lerchen ohne Lieder steigen,
die Sonne ohne Morgenrot.
Auf die Welt sich legt
der Himmel matt und schwer,
starr und unbewegt
wie ein gefrornes Meer.
O Herr, erhalt uns!

Annette von Droste-Hülshoff

Trauer I

Die Stunden senken sich wie Schatten
verhaltenen Atems auf mein Weh,
und von der Decke fällt in matten
Bewegungen ein schwarzer Schnee.

Der Raum ist aufgelöst. Die Dinge
verrinnen wie ein feiner Sand.
Die Schatten legen große Ringe
um meinen schwindenden Bestand.

Nun wächst um mich die Nacht der Ferne –
ein tausendfach verzweigter Baum.
Aus meinen Tränen fallen Sterne
der Trauer über meinen Traum.

Rose Ausländer

Ganz deutlich sah ich: es war nichts da, es war eine leere, kahle Stelle wie meine Handfläche hier – und doch habe ich weiter getastet. Ein derartiger Kleinmut überkommt den Menschen immer, wenn er durchaus etwas finden will (...) bei bedeutenden und schmerzlichen Verlusten. Er sieht, dass nichts da ist, dass die Stelle leer ist, und doch sieht er noch fünfzehn Mal nach.

Fjodor M. Dostojewskij

Und nun lebe ich
mit Gliedern,
in die der Frühling nicht fahren will
und vereister Seele, die
zu kraftlos zum Aufbruch,
den Sommer verstirbt.

Sabine Gäbe

Wie ein Treibholz am Strand
hat dein Tod
mich zurückgelassen.

Seitdem warte ich,
bis die Flut meiner Tränen
mich zurückträgt ins Leben.

Thomas Meurer

Du
abgeschnitten
von meinem Leben
wie ein fertig
gewobenes Tuch

Ich
mit Schmerz
gekleidet wie
in ein löchriges
Hemd
im Winter

Ida Lamp

Ich bin bei dir, du seist auch noch so ferne,
Du bist mir nah!
Die Sonne sinkt, bald leuchten mir die Sterne.
O wärst du da!

Johann Wolfgang von Goethe

Ich erinnere mich an das Hochgefühl der Einsamkeit, jene Insel stummer Größe, um die die Tränenwasser langsam steigen, um sie endlich zu überschwemmen.

Marie Luise Kaschnitz

Jeder Trauernde ist ein Held,
dem unsäglich viel zugemutet wird:
in einer total veränderten Innen- und Außenwelt
muss er Übermenschliches leisten (...)
Wenn der trauernde Mensch sich den Gefahren dieser Reise aussetzt und seinen Weg durch das Unbekannte findet, kehrt er verwandelt zurück.

Anja Wiese

X. Loslassen

> *Und dann merkte ich plötzlich: Ich muss nicht mehr bleiben!*
> *Dies ist ein befreiendes Gefühl.*
> Anne-Marie Tausch

»Wenn wir alles loslassen, bleibt nur Liebe.« (Theresia von Lisieux). Selbst in tiefster Verzweiflung haben Menschen ein Gespür für die Richtigkeit dieser Aussage. Sie wissen, dass es nicht darum gehen kann, Leid wegzuschaffen, sondern alles loszulassen, was belastet, schwer macht und zuletzt auch sich selbst loszulassen. Dann wäre alles leichter. Nur wie schafft man es loszulassen? Wie können wir Menschen, die einen geliebten Angehörigen oder gar ihr eigenes Leben lassen müssen, wirklich ermutigen loszulassen?

Eine Sterbende sagte: »Du brauchst das Ruder nicht in der Hand zu haben, wenn du dich dem Strom anvertraust.« Von dieser Zusage können Gespräche mit Menschen getragen sein, die loszulassen haben.

Loslassen ist kein Willensakt, sondern eine sich von selbst ergebende Entwicklung, die wir nicht erzwingen können, nicht bei uns selbst und nicht bei anderen. Deshalb sollten wir auch niemanden gleichsam schütteln wollen, um ihm zu sagen: »Nun lass doch endlich los.«

Hilfreicher im Umgang mit Sterbenden sind sicher Gespräche über das, was es loszulassen gilt, über Vergangenes, Unbewältigtes, Ungeklärtes, offene Beziehungen. Gerade durch das Festhalten solcher Belastungen in Gesprächen, kann sich das Loslassen eher entwickeln. Wir können mit Sterbenden über Möglichkeiten sprechen, noch, so gut es eben geht, Klarheit zu schaffen. Zum Loslassen kann gewiss auch beitragen, dass wir uns selbst um solche Klärungen in der Beziehung zum Sterbenden bemühen, vielleicht gerade auch dann, wenn er selbst dazu nicht mehr in der Lage ist.

Loslassen müssen macht allen Menschen furchtbare Angst: Ich werde fallen, aber wohin? Wer fängt mich auf? Werde ich überhaupt aufgefangen? Diese Angst können wir möglicherweise etwas nehmen, wenn wir mit dem Todgeweihten behutsam positive Bilder eines Nachher entwickeln: Ein Eingehen in warmes Licht, einen hohen Berg erreichen nach einer Wanderung durch dunkle Schluchten, die offenen Arme eines auf uns wartenden Gottes, Engelsgestalten, die uns begleiten werden, eine andere Existenzform mit der Fähigkeit, Unverstandenes endlich ganz zu begreifen oder einfach nur die Vorstellung vollkommener Schmerz- und Leidlosigkeit.

Trauernde, die einen geliebten Menschen und ihre Trauer loszulassen haben, können wir mit behutsamen Worten einladen, eine Balance zu finden zwischen dem Bewahren von Kostbarem wie der Erinnerung, der Verbundenheit »bis in alle Ewigkeit« sowie einer über den Tod hinausreichenden Wertschätzung und dem Loslassen all dessen, was an einem erfüllten Leben hindert. In vorsichtigen Gesprächen kann es vielleicht gelingen, Loslassenswertes aufzuspüren. Wenn die Trauernden wissen, dass sie vieles bewahren dürfen, was sie mit dem oder der Verstorbenen verbindet, wird es ihnen leichter fallen, sich Neuem zu öffnen, einem neuen Leben, vielleicht sogar neuen Bindungen. Dies erfordert jedoch Zeit. Wir sollten Hinterbliebene ebenso wenig wie Sterbende ungeduldig zum Loslassen drängen. Erst in der Sicherheit, dass die Verstorbenen auch weiterhin als stille, schützende Begleiter da sein werden, dass sich eine neue Art von Beziehung zu ihnen entwickeln wird, können Mut und Kraft gefunden werden, Trauer und Leid loszulassen und sich dem Leben wieder zuzuwenden.

In einer weiteren Perspektive kann man Trauernde und Sterbende darauf aufmerksam machen, dass das ganze Leben ein ständiger Prozess des Haltens und Loslassens ist. Dass das Gelingen des Lebens nicht unwesentlich davon abhängt, wie das Gleichgewicht gefunden wird zwischen Bewahren und Loslassen. Der Weg hierhin kann gewiss nicht über die Aufforderung gehen, den Toten loszulassen oder das Trauern sein zu lassen. Vielmehr können wir Trauernden und Sterbenden Mut machen, sich zunächst selbst in der Trauer und der Verzweiflung loszulassen, sich ihr ganz hinzugeben. Erst in einer solchen Gelöstheit wird dann auch die Erkenntnis wachsen können, dass Loslassen eine sehr tiefe Form von Liebe ist und dass wir aufgefangen werden, wann immer wir fallen.

Er hatte Schmerzen, der Mann, große Schmerzen, unerträgliche Schmerzen. Er lag auf seinem Bett und konnte sich kaum bewegen. Die Krankheit hatte ihn gepackt. Es war Krebs, und er hatte Angst, Angst vorm Sterben. Er kämpfte und setzte sich zur Wehr und wollte es nicht wahrhaben. Und er wusste doch genau: es ist alles zuende.

Es gibt keine Rettung mehr. Immer näher und näher kam das, was ihn so entsetzte.

Es war wie ein großes und schwarzes Loch, in das er hineingepresst werden sollte. Und er begann zu schreien. Er wollte nicht in das Loch.

Und er schrie und schrie und hörte nicht auf – drei Tage lang.

Seine Frau und sein Junge mussten alles mitanhören. Es war schrecklich.

Und nach drei Tagen war es plötzlich wie ein starker Stoß. Und er stürzte ab in das Loch.

Und da wurde er ganz still. Was war geschehen?

In seiner Verzweiflung hatte er mit den Händen um sich geschlagen. Und da war seine Hand auf den Kopf seines Jungen gefallen. Der hatte sich heimlich in das Sterbezimmer geschlichen. Und der Junge ergriff die Hand des Vaters und presste sie an sich.

Und in diesem Augenblick sah der Sterbende seinen Jungen an – und er tat ihm Leid.

Und er sah seine Frau an, die hineingetreten war. Tränen überströmten ihr Gesicht. Sie tat ihm Leid.

Und er wollte es ihnen sagen: Es tut mir Leid. Aber er konnte nicht mehr sprechen. Und er wusste: wenn ich gestorben bin, wird alles leichter für sie.

Und er dachte: ich will es tun. Ich will sterben.

Und da war es still geworden mit einmal und ganz ruhig. Wie gut und wie einfach, dachte er. Und der Schmerz – er hörte ja auf.

Und die Angst – wo ist sie? Er konnte sie nicht mehr finden.

Und der Tod – wo war er? Da war keine Angst mehr.

Und der Tod hatte keine Macht mehr über ihn. Zwei Stunden später war er gestorben.

Leo Tolstoi

Wir glauben daran, dass wir im Tod uns selbst loslassen müssen, um das Neue und Unerwartete des ewigen und göttlichen Lebens empfangen zu können. Aber wir tun uns schwer, uns selbst loszulassen. Wenn es ans Sterben geht, spüren viele Menschen erst, wie sehr sie am Leben hängen. Das Paradox ist, dass gerade Menschen, die während ihres Lebens immer wieder gejammert haben, dass das Leben so schwierig sei, dass sie nichts davon hätten, sich mit aller Kraft ans Leben krallen, sobald es ihnen genommen wird.

Anselm Grün

Gott aller Weisheit, ich überlasse dir
alle Sorgen um mich.
Alle meine Fragen überlasse ich dir
und verzichte darauf, sie zu stellen.
Warum soll ich alle Rätsel lösen?
Ich lasse alle Geheimnisse,
die mich locken, unergründet.
Ich lasse alle Widersprüche,
die mich quälen, ungeklärt.
Alle Sorgen um mich überlasse ich dir,
denn du sorgst für mich bis zum Ende.
Dann wirst du mir mein Leben
zurückgeben,
klar und erfüllt, und ich sehe den Segen,
den ich getragen habe.

Jörg Zink

Letzte Worte

Geliebte, wenn mein Geist geschieden,
so weint mir keine Träne nach;
denn, wo ich weile, dort ist Frieden,
dort leuchtet mir ein ew'ger Tag!

Wo aller Erdengram verschwunden,
soll euer Bild mir nicht vergehn,
und Linderung für eure Wunden,
für euern Schmerz will ich erflehn.

Weht nämlich seine Seraphsflügel
der Friede übers Weltenreich,
so denkt nicht mehr an meinen Hügel,
denn von den Sternen grüß ich euch!

Annette von Droste-Hülshoff

Wenn wir alles loslassen, bleibt nur Liebe.

Theresia von Lisieux

Loslassen ist nicht Gegenstand meiner freien Willensentscheidung, sondern ein langer emotionaler Prozess, der viel Geduld von mir erfordern wird.

Gert Richter

Schmerz,
sei mein,
sei mein Bett.
Bist willkommen
mir, mein Schatz, tief in der Welt.
Nicht länger
entstell mich dir,
ich mich dir.

Schmerz.
Sei mein.
Sei mein Grab.
bist so lieb mir,
mein Gepränge im Staube lobs,
leg dich
in mich,
mich in dich,
in die Arme des Liebsten.

Sabine Gäbe

Die Zeit ist hin; du löst dich unbewusst
Und leise mehr und mehr von meiner Brust;
Ich suche dich mit sanftem Druck zu fassen,
Doch fühl ich wohl, ich muss dich gehen lassen.

Theodor Storm

Als sie in ihrer Totenstille vor mir lag, erlebte ich sie erst als die, die sie wirklich war, als sie noch lebte. Ich nahm mich vor der Toten selbst in kaum je erfahrener Weise als Lebenden, aber auch als unendlich einsam Gewordenen wahr.

Karl Guido Rey

Vielleicht sollen wir lieben,
was wir nicht begreifen können.

Albert Camus

XI. Ewigkeit

Der Tod kann uns von dem Menschen trennen,
der zu uns gehörte,
aber er kann uns nicht das nehmen,
was uns mit ihm verbunden hat.
Verfasser unbekannt

»In Rosensälen darf ich ohn Unterbrechen in aller Ewigkeit mit Jesus sprechen.« (Sören Kierkegaard) Wer so positive und konkrete Vorstellungen von seiner Existenz jenseits des Todes hat, wird sich getroster dem Sterben überlassen können und gewiss auch einen geliebten Menschen der Ewigkeit übergeben können.

Niemand weiß, was uns nach dem Tod erwartet, niemand ist von dort je zurückgekehrt. Auch die freude- und lichterfüllten Berichte von Nah-Tod-Erlebnissen sind keine Berichte aus der Ewigkeit, denn wer zurückkehrt, war nicht wirklich dort.

Welchen Glauben wir haben, wie es dann sein wird, welche Bilder wir uns davon machen, hängt wesentlich davon ab, in welchen Vorstellungen wir aufgewachsen sind, mit welchen Bildern vom Jenseits wir gelebt haben. Die meisten Menschen lehnen es heute ab, hierzu konkrete Aussagen zu machen. Sie sprechen lieber von ihrem Gauben an Gleichnisse, wie sie beispielsweise die Bibel anbietet. Oft ist es mehr ein Gefühl als ein festes Bild: Alles wird gut sein, ich werde begreifen, werde mit meinem Geliebten auf immer verbunden sein, nichts mehr wird schmerzen, ich werde Gott sehen.

Wie sehr es einem Sterbenden oder Hinterbliebenen möglich ist, aus diesem Gefühl Geborgenheit und Kraft zu schöpfen, hängt wesentlich davon ab, wie geborgen er sich schon mitten im Leben gefühlt hat, sicher jedoch auch von seiner Wesensart und seinem Temperament.

Wenn wir mit Sterbenden oder Trauernden über Ewigkeit sprechen, sollten wir dies berücksichtigen. Es ist sicher wenig hilfreich, einem verzweifelten und angstvollen Menschen zu versprechen, er werde von einer Lichtgestalt geleitet, wenn er selbst den Glauben an Engel für naiv hält. Möglicherweise kann der Einstieg in ein Gespräch über die Frage gehen: »Wie stellst du es dir ›drüben‹ vor?« oder »Wo, denkst du, ist der Verstorbene jetzt?« Wenn wir dann sensibel in die individuelle Vorstellungswelt der anderen mitgehen, wie sie sie selbst in sich tragen, können wir mit ihnen solche tröstlichen Bilder weiter ausbauen.

Für Betroffene in tiefer Verzweiflung und ganz frischer Trauer sind hier wahrscheinlich einfachere Vorstellungen geeignet, während später dann auch gemeinsame, abstraktere, weltumfassende theologische und philosophische Reflexionen hilfreich sein können.

Nicht leicht wird es sein, wenn Trauernde oder Todgeweihte glauben, dass nach dem Tode »Nichts« kommt. Aber wahrscheinlich ist auch hier den Betroffenen eher gedient, wenn wir nicht versuchen, sie von unserem Glauben zu überzeugen, sondern in Gesprächen und Zusagen gerade dieses »Nichts« gleichsam als tröstliche Vorstellung zu entwickeln: Das »Nichts« hat nur Schrecken für die, die sind. Im »Nichts« wird es weder Schrecken noch Leid, noch Schmerz geben. Die Materie wird weiter in der Welt sein, Tote leben in der Erinnerung der Lebenden weiter und in dem, was sie im Leben bewirkt haben.

Es ist also durchaus möglich, auch ohne einen Begriff des Glaubens und ohne religiöse Ewigkeits-Bilder mit behutsamen Worten dem »Nichts« ein wenig sein erschreckendes Dunkel zu nehmen.

Hier wäre auch abzuwägen, ob nicht doch ein kurzer, aber überzeugt geäußerter Satz wie »Ich glaube, dass du bei Gott sein wirst (oder dass der oder die Verstorbene dort ist)« Entlastung und Sicherheit schenken können, damit der mächtige Tod als Grenze seinen trennenden Schrecken verliert und man sich ihm »getroster« überlassen kann.

»Was kommt nach dem Tod?« Ist das eine sinnvolle Fragestellung? Dürfen wir überhaupt so fragen? Sind wir berechtigt, über Dinge zu reden, die unser Leben übersteigen? Hilft uns der Ausblick ins Jenseits wirklich? Werden wir bessere Menschen, wenn wir uns über ein ewiges Leben Gedanken machen? (...) Sollten wir nicht alles tun, das Leben, das uns jetzt aufgegeben ist, so anständig und menschlich wie möglich zu führen, und sollten wir nicht über alles Übrige schweigen? Ist es nicht besser, das Geheimnis des Lebens, seine Dunkelheiten und seine Rätsel, schweigend auf sich zu nehmen, in Geduld, Tapferkeit und wortlosem Vertrauen, und alles Jenseitige als Geheimnis stehen lassen, über das uns kein Wissen zukommt? (...) Aber so menschlich es ist, das Unerforschliche schweigend anzunehmen – der Mensch ist gleichzeitig auch immer ein Fragender, und zwar einer, der nach dem Ganzen fragt und der nie mit seinen Fragen aufhört. Dass er ein Fragender ist, unterscheidet ihn gerade vom Tier, und wenn er nur schweigt und sich bescheidet und seine Fragen nicht immer wieder neu herausschreit in der Hoffnung auf Antwort, dann verwirklicht er noch nicht sein ganzes Menschsein.

Ich meine deshalb, wir dürfen und müssen fragen: Was geschieht mit uns im Tod? Was geschieht mit unserem Leben, mit unserem Ich, mit unserem Bewusstsein, mit unserem Dasein, wenn wir gestorben sind? Ist es dann aus mit uns? Kommt dann die große Nacht, der ewige Schlaf, das Nichts? Sind wir dann für immer ausgelöscht – oder kommt dann erst das eigentliche, das wahre Leben, das, was wir Christen mit einem so abgegriffenen und doch nicht ersetzbaren Wort als die ewige Seligkeit bezeichnen? Was kommt nach dem Tod? Wir haben das Recht und die Pflicht so zu fragen.

Aber selbst wenn feststeht, dass wir so fragen dürfen, gibt es auf diese Fragen eine Antwort?

Mit Sicherheit keine Antwort außerhalb des Glaubens. Was nach dem Tod mit uns geschieht, können wir nur im Glauben wissen, und darüber lässt sich nur vom Glauben her sprechen. (...) Dieses »nur im Glauben« darf nun allerdings nicht als etwas Negatives verstanden werden, als etwas, das übrig bleibt, wenn man eben nichts genaues weiß. Denn das meint Glauben im theologischen Sinne gerade nicht. Glauben meint personale Erkenntnis. Glauben meint, sich einem anderen ganz anvertrauen und gerade dadurch erkennen. In diesem Sinn wissen wir von allen großen Dingen des menschlichen Lebens nur, indem wir glauben und indem wir vertrauen.

Nehmen wir gleich das Größte und Wichtigste: die Erfahrung menschlicher Zuneigung und Liebe. Dass ein anderer uns von Herzen liebt, können wir nur glauben, und darauf können wir nur vertrauen. Hier helfen weder Analysen noch Experimente. Je mehr wir einen Men-

schen psychologisch sezieren, desto mehr entgleitet er uns. Natürlich gibt es Versicherungen und Zeichen und sogar Beweise der Liebe. Aber wie können wir wissen, ob sich hinter allen Liebesversicherungen, die uns ein anderer Mensch gibt, nicht doch eine höchst sublime Eigenliebe verbirgt? Dass ein anderer uns wahrhaft liebt, können wir nur glauben. Erst indem wir an die Liebe des anderen glauben, ihr mit unserer eigenen Liebe entgegenkommen und damit das Wagnis eingehen, am Ende als die Dummen oder als die Betrogenen dazustehen, erfahren wir wirklich und endgültig, dass wir geliebt werden.
So verhält es sich (...) mit allen großen Dingen des menschlichen Lebens, und so verhält es sich deshalb auch mit unserem Wissen von dem, was uns im Tod begegnen wird. Auch hier müssen wir glauben und vertrauen. Wir müssen daran glauben, dass in unserem Tod das Ziel und das Geheimnis unseres Lebens verborgen ist, ja, dass sich uns im Tod ein unendlicher Horizont öffnen wird, dass wir nicht in das Nichts, sondern in Gott hinein sterben werden.

Gerhard Lohfink

der tod
treibt die kostbarkeit des lebens
auf die spitze
ich habe es gesehen
bei meinen großeltern
in den letzten jahren ihres lebens
da lebten sie mit dem tod
der tod ist unser freund
sagte meine großmutter
das spürte man
jeden tag
wie die freude aneinander
und die liebe und sorge füreinander
kostbarer wurden
und manchmal dachte ich:
bei ihnen
ist diesseits und jenseits
schon eins

Wilhelm Willms

Zeit ist wie Ewigkeit und Ewigkeit wie Zeit,
so du nur selber nicht machst einen Unterschied.
Ich selbst bin Ewigkeit, und wenn ich die Zeit verlasse
und mich in Gott und Gott in mich zusammenfasse.

Angelus Silesius

Sterben ist nicht anderes als
das Umwenden einer Seite
im Buch des Lebens.
In den Augen der anderen
ist es der Tod;
für die aber, die sterben.
Ist es das Leben.

Hazrat Inayat Khan

Im Menschen steckt ein unendlicher Drang nach Freiheit, Glück, Leben, Zukunft. Zeigt all das nicht, dass der Mensch irgendwie von der Unendlichkeit berührt ist, dass in ihm etwas ist, was die Endlichkeit sprengt und somit auch die Grenzen des Todes überwindet? Wer Grenze erfährt und sie schmerzvoll als Grenze erfährt, der ist im Grunde schon über die Grenze hinaus. Darf das nicht auch für den Tod gelten: Wer den Tod als Grenze schmerzlich spürt, ist bereits angerührt von etwas, was jenseits des Todes steht.

Gisbert Greshake

Gottes Engel werden uns im Tod geleiten und in Gottes liebende Hände hineintragen. Kinder haben mit dieser Vorstellung keine Probleme. Sie leben in der Welt der Engel. Und sie sind überzeugt, dass ihr Engel sie auch im Tode in Abrahams Schoß tragen werde, dass sie im Tod in Gottes mütterliche Arme hineinsterben werden.

Anselm Grün

Dann sprach Almitra: »Wir möchten dich nun über den Tod befragen.« Und er antwortete also: »Ihr möchtet wissen um das Geheimnis des Todes. Doch wie sollt ihr es entdecken, so ihr nicht danach forschet im Herzen des Lebens? Die Eule, deren auf die Nacht beschränkten Augen am Tage erblinden, vermag nicht, das heilige Geheimnis des Lichtes zu entschleiern.

So ihr wahrhaftig den Geist des Todes entschauen wollet, öffnet weit euer Herz dem Leibe des Lebens. Denn Tod und Leben sind eins, so wie Fluss und Meer eins sind (...) Trauet euern Träumen, denn das Tor der Ewigkeit ist darin verborgen.«

Khalil Gibran

Unsere Toten gehören zu den Unsichtbaren, aber nicht zu den Abwesenden.

Johannes XXIII

Ich bin überzeugt, dass es mehr Verbindungen gibt
zwischen denen drüben und uns hier,
als die meisten von uns heute meinen (...)
Wir brauchen dazu keine besonderen Fähigkeiten.
Wir müssen nur wissen, dass die Wand dünn ist
zwischen jener Welt und der unseren.

Jörg Zink

XII. Rückkehr ins Leben

Aus todesdunklem Schlaf erwachen,
aus winterstarren Träumen (...)
Verfasser unbekannt

Irgendwann nach langer Zeit verzweifelter Trauer kommt bei dem einen früher, beim anderen später der Augenblick, wo der Tod für Momente seinen Schrecken verliert, wo das Leben wieder zu leuchten beginnt. Dieser Zeitpunkt ist individuell und lässt sich sicher nicht erzwingen. Aber wenn wir mit Trauernden Umgang haben, werden wir spüren, wann er gekommen ist, und behutsam die ersten Versuche zu lächeln unterstützen.

Trauernde erzählen immer wieder, dass es nicht mit einem Mal vorbei ist mit der Verzweiflung, sondern dass sie zunächst selten, aber dann immer öfter unterbrochen wird von heiteren, zuversichtlichen Stunden. Die erneute Verankerung Trauernder im Leben geht schrittweise voran und ist von heftigen Rückfällen begleitet. Sie selbst spüren, dass die zuweilen empfundene Freude kaum »hauttief« geht. Wenn wir das wissen, werden wir uns hüten, Trauernde bei den ersten Anzeichen zurückkehrender Lebensfreude ungeduldig zu überfordern mit dem Anspruch, dass es nun ein für alle mal vorbei sein müsse. Wir werden sie vielmehr in Momenten der Unbeschwertheit mit unserer eigenen Heiterkeit unterstützen, aber ebenso auch bereit sein, mit ihnen wieder in die Verzweiflung zurückzukehren, wenn sie dies brauchen.

In Anteil nehmenden Gesprächen könnten wir versuchen, dem neuen Boden unter ihren Füßen ein wenig mehr Festigkeit zu verleihen: Wenn die Bereitschaft dazu spürbar ist, könnten wir mit ihnen über ihre Pläne, ihre Perspektiven und Aufgaben sprechen, über kleine Freuden und Geselligkeit, über andere geliebte Menschen. So kann es vielleicht möglich werden, Trauernde bei ihrem Weg ins Leben zurück behilflich zu sein. Aber auch dann wird es »Trauereinbrüche« geben, Stunden und Tage, wo das alles wertlos scheint und nur noch der Verlust zählt. Hier sind Geduld und hoffnungsvolle Langmut gefordert.

Wir sollten die Trauernden ermutigen, sich Zeit zu lassen, ihr neues Leben ohne den oder die Verstorbene in vorsichtigen und neugierigen Schritten kennen zu lernen. Entlastend könnte hier auch der Hinweis wirken, dass nach dem Einbruch des Todes zwar nichts mehr so sein wird, wie es war, die neue veränderte Wirklichkeit sich vielleicht aber doch einmal als tragfähig erweisen wird. Hier wäre vielleicht auch ein Lob angebracht über erreichte Fortschritte oder auch eine ermunternde Zusage wie »Du schaffst das!«.

Wir können denen, die langsam aus der Trauer zurückkehren, den Gedanken als Stütze mitgeben, dass sie nach dieser schweren Zeit nun sicher ihr neues Leben wesentlicher leben werden. Durch ihre Erfahrung von Leid haben sie die Welt anders zu verstehen gelernt, und diese Erfahrung wird möglicherweise ein tiefes Gefühl für ihre Mitmenschen bewirken.

So können wir Trauernden vielleicht vorsichtig Lust machen, Neues zu beginnen trotz immer wiederkehrender Verzweiflung. Wenn wir sie ermutigen, durch diese jedes Mal beharrlich hindurchzugehen, werden sie mit der Zeit gewiss die Kraft finden, der Welt offen ins verwandelte Gesicht zu schauen.

Wenige Wochen [nach seinem Tod] stand ich, die mittelalterliche Burg im Rücken, mit den Kindern auf den Klippen von Lerici und blickte weit über das Ligurische Meer. Ein heißer Schauer erfüllte mich beim Anblick des märchenhaften Sonnenuntergangs.

»Ich nehme diesen Augenblick ganz in mich auf und schenke ihn dir, Liebster«, dachte ich. Aber ich wusste die Adresse nicht.

»Wo bist du? Ich kann dich nicht finden!« hatte ich manchmal gerufen, es war dieselbe Frage, die ich Gott immer wieder stellte.

War er, waren sie denn überhaupt irgendwo? Gab es für ihn eine Gegenwart?

Wenn ich an ihn dachte, war er mir ganz nah. Er spiegelte sich in mir, ich lebte von ihm, und er lebte in mir. Aber seine Seele, die ich am Leben erhoffte, war mir entglitten. »Ich hätte keine Angst, wenn ich jetzt sterben müsste«, dachte ich, »aber ich hätte keine Hoffnung, ihn zu finden.« Hier und im Bewusstsein meiner selbst war ich ihm näher. Ich war ihm im Tod ganz nah und ich war dem Tod ganz nah gewesen, fast so, als hätte ich ihn selbst durchlitten. Ich hatte dieses Leben nicht von seinem Anfang, aber ein gutes Stück weit und in den Tod begleitet, und es erhellte sich mir gerade von hier aus, denn es hatte sich im Tod vollendet. Es schien mir nun nicht mehr abgebrochen. Dieses ausgeprägte, höchst bewusste und höchst intensive Leben hatte seinen individuellen Tod gefunden (...) Das lange schwere Leiden gab ihm, auf dem Höhepunkt seiner Entwicklung, eine harte Aufgabe, gab ihm Zeit zur Reifung. So machte er seinen Tod zu seiner eigenen Leistung, da seine Seele unversehrt blieb inmitten des körperlichen Verfalls und den Sieg davontrug. So hatte die Stunde den feierlichen, furchtbaren Charakter der Krönung (...)

Mir stellte sich nicht einmal mehr die Frage nach dem Warum. Nach diesem qualvollen kostbaren Jahr war ich bereit, in dem, was uns zufiel, ihm, den Kindern und mir, einen Sinn zu sehen, einen Sinn zu sehen im Leben, seine Gestaltung als Chance und Aufgabe zu begreifen und es zu nutzen. Diese Erkenntnis machte mich gelassen und heiter, denn sie stellte mich in die Gegenwart, und jeder Augenblick gewann seine Bedeutung.

Renate Joesten

Ach, würden doch
alle Engel des Himmels
mir den Felsbrocken,
der auf meiner Seele lastet,
in Tausende von kleinen
Kieselsteinen zerschlagen,
damit ich die Schwere,
die mich zu erdrücken droht,
Tag um Tag
»Steinchen für Steinchen«
abtragen kann.

Christa Spilling-Nöker

Nina ist in eine andere, bessere Realität hinübergewechselt, hat uns in der irdischen Realität zurückgelassen, in der wir jetzt ohne sie unseren Weg fortsetzen müssen. Aber wie wird dieser Weg sein? Wohin wird er führen? Wird er nur ein endloser Weg des Leidens sein oder auch ein Weg der inneren Entwicklung, der Entfaltung unserer Seelen? Es wird gesagt, Leiden sei hierfür Bedingung. Werden die Lektionen des Lebens erst in der Dunkelheit gelernt? Ist Leiden wirklich der Katalysator seelischen Wachstums? Muss ich gar dankbar sein für die Chance, meiner eigenen Vollkommenheit ein Stück weit näher zu rücken? Oder zerbrechen wir an unserer Trauer, ergeben uns in grenzenloses Selbstmitleid, spüren nur noch den Wunsch, die Seiten zu wechseln?

Gert Richter

Mitunter weicht von meiner Brust,
Was sie bedrückt seit deinem Sterben;
Es drängt mich, wie in Jugendlust,
Noch einmal um das Glück zu werben.

Doch frag ich dann: Was ist das Glück?
So kann ich keine Antwort geben
Als die, dass du mir kämst zurück,
Um so wie einst mit mir zu leben.

Dann seh ich jenen Morgenschein,
Da wir dich hin zur Gruft getragen;
Und lautlos schlafen die Wünsche ein,
Und nicht will ich mehr das Glück erjagen.

Theodor Storm

Und dieses eine Herz wird nichts erwidern
auf meine Stimme – jauchzend und betrübt.
Es ist vorbei ... Ich folge meinen Liedern
ins nächtge Dunkel, wo es dich nicht gibt.

Anna Achmatowa

Noch einmal,
junger Morgen
eines reifen Tages,
sommersalt und satt,
tausend zarte Fäden
spannst du,
tausend Tropfen schwer.

Noch einmal
wag ich
zu verweben
mich
dem Sommer
tausendfältig
und tausend Tränen schwer.

Sabine Gäbe

Ich erwache heute mitten in Bildern ihres Sterbens. Ich befürchte deshalb einen schlimmen Tag. Vom Morgen bis am Abend bin ich heute jedoch überraschend wie von einem Licht umgeben. Kein Schmerz. Keine Verzweifelung. Keine Wut. Ich freue mich vielmehr, dass sie mir voraus gegangen ist. Der Tod scheint für Augenblicke etwas von seiner für mich unheimlichen, gespenstischen Schrecklichkeit verloren zu haben (...) Es ist wunderbar, so empfinden und denken zu dürfen.

Karl Guido Rey

Jemand, der ich bin,
ist mit dir über die Schwelle getreten,
und jemand, der auch ich bin, ist zurückgeblieben.

Fridolin Stier

Die Träume von Verstorbenen weisen uns oft auf die Beziehung hin, die wir nochmals anschauen müssen (...) Träume von Verstorbenen zeigen uns die eigenen Wurzeln, die die Toten für uns darstellen. Wir haben Teil am Reichtum ihrer Erfahrung, an ihrer Liebe, an ihrer Kraft, an ihrer Art, das Leben zu meistern. Diese Träume zeigen uns, dass es auch nach dem Tod eine lebendige Beziehung zwischen Menschen gibt, die sich lieben, dass der Tod keine absolute Grenze zwischen den Liebenden ist.

Anselm Grün

Jetzt musste er sich der Trauer stellen, die er Zeit seines Lebens, auch wenn es lange dauern sollte, nie wieder würde abschütteln können. Sie würde vergehen, wie alles, aber er würde nie das Gefühl los werden, dass er selbst es war, der verging.

Cees Noteboom

Am Anfang aller Trauer steht
die schmerzhafte Einsicht,
dass es nicht so werden wird,
wie es war. Heute nicht. Und
morgen auch nicht. Am Anfang aller Trauer steht diese
Einsicht – und an ihrem Ende!

Ida Lamp

XIII. Trost

> *Wenn man leidet, tut es so gut,*
> *ein befreundetes Herz zu haben,*
> *worin unser Schmerz sein Echo findet.*
> Theresia von Lisieux

Den Schmerz des anderen in unserem Herzen widerhallen zu lassen, das ist das Geheimnis des Trostes. Besser machen können wir nichts, wir können nichts nehmen vom Verlust, von der Traurigkeit, von der Verzweiflung, nicht einmal ein wenig ändern am Schicksal derer, die sterben müssen oder einen geliebten Menschen verloren haben.

Wenn wir die Betroffenen sehr gerne haben, wird gerade dies für uns besonders schmerzhaft sein. Vielleicht ist es eine Grundhaltung, die zum Trösten gehört: bescheiden zu akzeptieren, dass wir nichts wirklich abnehmen können, dass wir selbst leiden, weil wir so wenig tun können. Wenn wir diese Gefühle bei uns selbst anschauen und annehmen, wird es uns leichter fallen, den Betroffenen zu begegnen, sie anzurufen oder ihnen zu schreiben. Dann kann es uns gelingen, uns nicht zu sehr mit einem Leid zu identifizieren, das nicht zuerst unseres ist. Wir strahlen in unseren Worten dann Festigkeit und Zuversicht aus, eine Zuversicht, die vielleicht zunächst nur darin besteht, Zeit für alles zu gewähren und eine Festigkeit, die imstande ist, dem Leid des anderen in meiner Person eine Fläche zu bieten, gegen die es immer wieder geworfen werden darf. Wir sollten nicht unterschätzen, dass unser eigenes Getröstetsein immer auch andere mittröstet.

Für Menschen in großer Verzweiflung besteht Trost gerade darin, dass sie bei jemandem untröstlich sein dürfen, so wie es in dem nachstehenden Segensgebet ausgedrückt ist: »Gesegnet seien alle, die mich geduldig annehmen, wie ich jetzt bin.«

Menschen, die ihre Trauer einigermaßen überwunden haben, erzählen immer wieder, wie sehr sie, gerade auch in der allerersten Zeit, die Worte und Zusagen anderer Menschen getröstet haben. Vielleicht ist es hier nicht so wichtig, was wir sagen, sondern dass wir überhaupt etwas sagen, dass wir uns die Zeit nehmen und den Mut aufbringen, unsere Scheu zu überwinden, uns zu trauen und anzuvertrauen, um das Wort an Hinterbliebene und Betroffene zu richten.

Wir können ihnen versichern, dass wir an ihrem Schmerz Anteil nehmen, dass wir selbst sprachlos sind vor Entsetzen. Wir könnten ihnen Kraft wünschen für die schwere Zeit, die jetzt vor ihnen liegt. Möglicherweise kann es auch helfen behutsam anzudeuten, dass letztlich, später einmal, die Hoffnung wachsen wird.

Wenn wir dem Sterbenden persönlich nicht so nahe stehen oder wenn wir nicht durch unseren Beruf mit ihm verbunden sind, sind oft unpersönliche und offizielle, aber herzlich ausgesprochene Beileidsbekundungen angemessener, als wenn man sich in Worten zu einer Betroffenheit zwingt, die in Wirklichkeit so nicht vorhanden ist. Hier sind Aufrichtigkeit und einfache mitmenschliche Anteilnahme sicherlich wertvoller.

Auch am Krankenbett kann unter Umständen ein etwas formelleres »Alles Gute für deinen Weg« oder ein »Gott sei mit dir« angebrachter sein als der verzweifelte Versuch, eine Betroffenheit zu formulieren, die nicht echt ist.

Wie auch immer man es macht, was auch immer man sagt, der eigentliche Trost wird in der Zuwendung bestehen, in der Wertschätzung, sich mit den Sterbenden oder Trauernden und ihrem Schicksal auseinander setzen zu wollen, letztlich also in der Zusage: Wie groß dein Leid auch ist, du bist nicht allein!

Wieder sah ich – zum wievielten Mal? – einen Mann irrsinnig leiden unter dem entsetzlichen Verlust seiner Frau. Verbittert und unversöhnlich. Ich dachte an jenen, der einmal vor mir saß, versteinert, wie ein Granitklotz, mit eisiger Miene und drohendem Blick. Die Worte, die er in Abständen ausstieß, hörten sich mehr wie Flüche an. »Das kann nicht, das darf nicht. Meine Frau – tot. Verunglückt. Es geht nicht ohne sie. Ich mache Schluss. Ich treibe mich herum, arbeite nicht mehr, nehme einen Haufen Schlafmittel. Nichts hilft.« Vorsichtig sage ich: »Versuche hinzunehmen.« – »Ich kann nicht. Ich will nicht«, brach es aus ihm heraus. »Ich mache Schluss.«

Manchmal kann das Leben zu den Menschen grauenhaft sein. Arthur Miller schreibt in einem seiner Theaterstücke: »Ich träumte, mein Leben war ein Kind von mir. Aber es war mongoloid, und ich lief weg. Aber es kroch immer wieder auf meinen Schoß. Es zog an meinen Kleidern. Bis ich dachte: Wenn ich es küssen kann, kann ich vielleicht schlafen. Und ich beugte meinen Kopf über das entstellte Gesicht – es war grauenhaft, aber ich küsste es.«

Ja, ich glaube, dass du letzten Ende dein Leben in deine Arme nehmen musst, dein Leben, so wie es ist, es hinnehmen, wie schwer und hart es auch ist. Wenn du es einmal geküsst hast, wird es anders, erträglicher.

Phil Bosmans

Gesegnet seien alle,
die mir jetzt nicht ausweichen.
Dankbar bin ich für jeden,
der mir einmal zulächelt
und mir seine Hand reicht,
wenn ich mich verlassen fühle.

Gesegnet seien die,
die mich immer noch besuchen,
obwohl sie Angst haben,
etwas Falsches zu sagen.
Gesegnet seien alle,
die mir erlauben,
von dem Verstorbenen zu sprechen.
Ich möchte meine Erinnerungen
nicht totschweigen.
Ich suche Menschen,
denen ich mitteilen kann,
was mich bewegt.

Gesegnet seien alle,
die mir zuhören,
auch wenn das,
was ich zu sagen habe,
sehr schwer zu ertragen ist.

Gesegnet seien alle,
die mich nicht ändern wollen,
sondern geduldig so annehmen,
wie ich jetzt bin.

Gesegnet seien alle,
die mich trösten
und mir zusichern,
dass Gott mich nicht verlassen hat.

Marie-Luise Wölfing

Ich trage dein Bild in mir
wie ein Siegel:

Mein warst du,
dein war ich.

Kein Tod
kann den Eindruck zerschlagen,
den du in mir hinterlassen hast.

Thomas Meurer

Wenn dich plötzlich das starke Gefühl erfasst, der, den du geliebst hast und liebst, sei dir nahe, er habe dir ein Zeichen gegeben, dann lass dich nicht irremachen. Nimm es an.

Jörg Zink

Wenigstens einen Spalt breit
will ich mein Fenster
öffnen,
dem Tanz des Staubes
im Sonnenstrahl beiwohnen
und im Lied der Amsel
meiner Trauer nachlauschen.

Sabine Gäbe

Du erträgst es nicht,
dass einer deiner Menschen
verloren gehen sollte.
Du suchst uns auf,
wenn wir uns entfernt haben von dir,
vielmehr, als wir dich suchen,
bist du auf der Suche nach uns.
Wir halten uns fest
an der Sicherheit
an der Verheißung,
und deiner erfinderischen Liebe
vertrauen wir uns an.

Huub Oosterhuis

Man lindert oft sein Leid, indem man es erzählt.

Pierre Corneille

Alle Menschen, die uns unser Schicksal deuten, erfahren wir als Engel. Und wir erleben sie oft genug als Engel der Auferstehung, die uns neues Vertrauen schenken, aus der Resignation aufzustehen in ein neues Leben hinein.

Anselm Grün

Der Engel des Trostes
möge deine Wege kreuzen,
wo Dunkelheit dein Leben überschattet,
der Weg unerträglich wird.
Seine Berührung möge dir die Tränen trocknen,
seine Umarmung dich bergen.

Fredi Bernatz

Schmerz ist auch Leben, Bewegung in uns. Lassen wir ihn zu, verwandelt er sich – und wir uns mit ihm.

Anne-Marie Tausch

Nicht vor dem Schmerz fliehen,
sondern wissen,
wohin wir mit dem Schmerz fliehen können,
darin liegt die Befreiung.

Sabine Naegeli

Wenn man leidet, tut es so gut, ein befreundetes Herz zu haben, worin unser Schmerz sein Echo findet.

Theresia von Lisieux

Themenverzeichnis

Abschiedsschmerz 20, 93
Absurdität des Todes 60, 66, 67
Allein 84, 85, 93
Als Erster sterben 23
Atemlos 44
Auf Gottes Hilfe angewiesen 18
Aufrichtigkeit 9, 19, 51, 69, 113

Balance zwischen Ich und Du 21
Begräbnis 73, 80
Begrenztheit der Zeit 11, 12
Beileidsbekundungen 9, 113
Betroffenheit 51

Das Leben annehmen, wie es ist 114
Das »Nichts« 12, 95, 98
Das Unsagbare 75
Dein Wille geschehe 40, 42, 47
Dem Strom vertrauen 86
Den richtigen Ton treffen 9, 69, 115
Der Tod ist groß 15
Die ersten Versuche zu lächeln 103

Einstieg in das Thema 9
Ehe 76
Eigenes Getröstetsein 112
Einzigartiger Mensch 79
Endlichkeit des Lebens 11, 17
Engel 34, 52, 87, 101, 106, 118, 119
Entsetzen 69
Erinnerung 87, 94, 95, 115
Erlöstheit im Leben 61
Erstarrung 16, 46, 58, 63, 78, 83
Es ist vorbei 108
Ewiger Friede S 91, 97
Ewigkeit 17, 99

Falscher Stolz 27
Ferne 85
Freundschaft über den Tod hinaus 68, 70, 72, 77
Frieden 72

Galgenhumor 38
Geduld 44, 87, 92, 104, 116
Gefühllosigkeit 44
Gefühl von Sinn- und Kraftlosigkeit 55
Geheimes Haus des Todes 67, 101
Geschichten aus guten Tagen 79
Gesellschaftlicher Makel 62

Gespräch 9, 30, 69, 87, 103, 118
Glaube als Kraftquelle 13, 38, 96
Gott des Chaos und der Katastrophen 47

Hadern 36
Halten und Loslassen 88
Herr, ich komme zu dir 33
Hilfsbedürftigkeit 19, 27, 72
Hoffnung auf ein Wiedersehen 55

Ich suche dich 55, 80, 83, 105
Identität als Sterbender 12
In Frieden sterben 29
Inneres Du 79, 95
Inseln der Entspannung 21

Jenseits 14, 96, 99, 102, 117

Klage 17, 31
Klärung 87
Konfliktreiche Beziehung 61, 64
Kostbarkeit des Lebens 99
Krebs 39, 88
Kummer 21

Leben als Brücke 18
Leben als Geschenk 32
Leben und Tod gehören zusammen 31, 101
Leere Arme 78
Lehre uns, dass wir sterben müssen 18
Leid 14, 35, 41, 50, 104, 107
Lektionen des Lebens 107
Letzter Atemzug 21, 48
Letztes Fest 73
Liebe 72
Lob 20, 38, 53, 104
Loslassen 33

Melancholie 60
Mitleid 19, 60, 89
Mitmenschlichkeit 104
Mutterseelenallein 32

Nachträgliche Aufarbeitung 46
Nähe des Todes 31
Nah-Tod-Erlebnisse 94
Natürliche Empfindungen bei einem Todesfall 8, 69, 112
Neuer Boden unter den Füssen 103
Neues Glück 108
Nichts ist mehr, wie es war 111

Perspektiven ins Leben 104
Positive Todesbilder 87

Respekt vor Sterbenden 30
Rituale 45, 70

Schatten 39, 82
Scheu 7, 10, 69, 113
Schicksal 12, 13, 20, 47, 112
Schmerz 12, 25, 33, 44, 48, 53, 56, 84, 88, 92, 112, 119
Schmerz- und Leidlosigkeit 87, 94
Schock 46, 70
Schritt für Schritt 106
Schuldgefühle 30, 64
Schweigen 82
Segnen 24, 70, 90, 115

Sehnsucht nach Unendlichkeit 13
Selbstmitleid 90, 107
Selig sind die Toten 36
Sich neuem öffnen 87
Sich Ritualen nicht gewachsen fühlen 45
Sich schwach fühlen 27
Sich selbst nicht im Wege stehen 33
Sich überlassen 40, 90
Sinnfrage 11, 13, 28, 30, 32, 50, 54
Sprachlosigkeit 7, 51, 58
Sterben als Aufgabe 7, 19, 29, 105
Sterben als Lebensphase 29
Sterbephasen 30

Tagebuch 21, 23
Tod als Freund 28, 99
Tod als Grenze 7, 32, 110
Tod als Schlaf 27, 43
Tod als Tor 32, 49, 52, 59, 66, 94, 100
Tod als Vollendung 26, 28, 105
Todesangst 23, 71, 87, 88
Tränenflut 50, 75, 84, 85
Trauern als Aufgabe 111
Trauernde sind Helden 85
Trauerreise 85
Trauerrückfälle 104
Träume 82, 101, 110
Treue 26, 78
Trost 14, 21, 30, 37, 53

Ungeordnetes 44, 61, 86
Untröstlich sein dürfen 113
Unvollendetes 12, 13, 36, 41
Ursehnsucht des Menschen 64, 80

Verbindung mit Verstorbenen 37, 72, 78, 102, 110, 116
Verbitterung 114
Verfall 37, 39, 73, 74, 105
Verlust 83, 112, 114
Verlust an äußerer Energie 49
Verstorbene als innere Begleiter 87
Vertrauen 97
Verwaiste Eltern 53
Verzweiflung 14, 54, 60, 86, 89, 95, 103, 104, 112
Vorbei 15

Warum? 12, 45, 106
Wertschätzung 20, 70, 87, 113
Widersprüche sein lassen 90

Zärtlichkeit 26, 52, 57
Zur Ehre Gottes sterben 42
Zuversicht 112
Zuwendung ist Trost 113, 120

Quellenverzeichnis

Achmatowa, Anna. Aus: Dies. Ich lebe aus dem Mond, du aus der Sonne. © Suhrkamp Verlag, Frankfurt am Main 2000.

Ausländer, Rose. Aus: Dies. Die Erde war ein atlasweißes Feld. Gedichte 1927-1956. Bei den Texten »Er ist nicht tot« (S. 50) und »Trauer I« (S. 82) handelt es sich um Auszüge. © S. Fischer Verlag GmbH, Frankfurt am Main 1985.

Bender, Christa. Aus: Dies. Unter einem Dach. © Kösel-Verlag, München 1990.

Bernatz, Fredi. Abgedruckt mit freundlicher Genehmigung des Autors.

Bobrowski, Johannes. Gesammelte Werke in sechs Bänden. Band 1: Die Gedichte. Hrsg.: Eberhard Haufe. © 1998 Deutsche Verlags-Anstalt GmbH, Stuttgart.

Bosmans, Phil. Aus: Ders. Vergiß die Freude nicht. © Verlag Herder, Freiburg 200153.

Cardenal, Ernesto. Aus: Ders. Das Buch von der Liebe. © Peter Hammer Verlag, Wuppertal 1991.

Dostojewski, Fjodor M. Aus: Ders. Der Idiot. Aus dem Russischen von Arthur Luther. © Winkler-Verlag, Fellbach 199012.

Drewermann, Eugen. (S. 72, 77) Abgedruckt mit freundlicher Genehmigung des Autors.

Drewermann, Eugen. (S. 13f.) Aus: Ders. Das Markusevangelium. Bilder von der Erlösung, Teil 2. © Patmos Verlag GmbH & Co.KG, Walter Verlag, Düsseldorf und Zürich.

Droste-Hülshoff, Annette. Aus Dies. Sämtliche Gedichte. © Insel-Verlag, Frankfurt am Main 1998.

Gäbe, Sabine. (S. 25, 27, 29, 78, 81, 83, 92, 109) Erstveröffentlichung in diesem Band. Rechte bei der Autorin.

Gäbe, Sabine. (S. 57, 117) Aus: Dies. Deine Tränen sieht der Himmel. Gebete, Klagen, Meditationen. © Gütersloher Verlagshaus, Gütersloh 2000.

George, Stefan. Aus: Ivo Braak. Poetik in Stichworten. © Verlag Ferdinand Hirt, Zug 1969.

Gibran, Khalil. Aus: Ders. Der Prophet. Wegweiser zu einem sinnvollen Leben. © Patmos Verlag GmbH & Co. KG, Walter Verlag, Düsseldorf und Zürich.

Goethe, Johann Wolfgang von. Aus: Ders. Die Leiden des jungen Werther. © Hermann Luchterhand-Verlag, Neuwied 1964.

Greshake, Gisbert. Stärker als der Tod. Topos TB 50. © Matthias-Grünewald-Verlag, Mainz 1999[13].

Grün, Anselm. (S. 101, 118) Aus: Ders. Jeder Mensch hat einen Engel. © Verlag Herder, Freiburg 2002[7].

Grün, Anselm. (S. 39, 90, 110) Aus: Ders. Leben aus dem Tod. © Vier-Türme Verlag, Münsterschwarzach, 5. überarbeitete Auflage.

Grün, Anselm. (S. 24) Aus: Ders. Lebensmitte als geistliche Aufgabe. © Vier-Türme Verlag, Münsterschwarzach, 13. überarbeitete Auflage.

Gryphius, Andreas. Aus: Evangelisches Kirchengesangbuch. © Evangelischer Presseverlag, Speyer.

Hampe, Johann Christoph. Aus: Ders. Sterben ist doch ganz anders. Erfahrungen mit dem eigenen Tod. © Kreuz Verlag, Stuttgart 1975.

Heike. Aus: Anja Wiese. Um Kinder trauern. Eltern und Geschwister begegnen dem Tod. © Gütersloher Verlagshaus GmbH, Gütersloh 2001.

Heilborn-Maurer, Ursula. Aus: Dies. Nach einem Suizid. Gespräche mit Zurückbleibenden. © Fischer Taschenbuch Verlag GmbH, Frankfurt am Main 1988.

Hellmann, Beate. Aus: Zwei Frauen. © Literatur-Agentur Axel Poldner, München 1988.

Herrmann, Nina. Mit Trauernden reden. © Kreuz-Verlag, Stuttgart 1988, S. 10f.

Kay. Aus: Anja Wiese. Um Kinder trauern. Eltern und Geschwister begegnen dem Tod. © Gütersloher Verlagshaus GmbH, Gütersloh 2001.

Joesten, Renate. Aus: Dies. Stark wie der Tod ist die Liebe. Bericht von einem Abschied. © Kreuz-Verlag, Stuttgart 1985.

Kaschnitz, Marie Luise. Aus: Dies. Liebe beginnt. © Insel Verlag, Frankfurt am Main 1981.

Khan, Hazrat Inayat. Aus: Unser täglich Brot. Caritas-Kalender (2. 11. 2001).

Lamp, Ida. Abgedruckt mit freundlicher Genehmigung der Autorin.

Levine, Stephen. Aus: Ders. Noch ein Jahr zu leben. Übersetzung ins Deutsche von Karin Petersen. © 1999 by Rowohlt Taschenbuch Verlag GmbH, Reinbek bei Hamburg.

Lisieux, Theresia von. Aus: Dies. Mein Weg. Vertrauen und Liebe. Gedanken und Betrachtungen. © Rex-Verlag, Luzern/München 1977.

Lohfink, Gerhard. Aus: Ders. Der Tod ist nicht das letzte Wort. Meditationen. © Verlag Herder, Freiburg 1991[15].

Meurer, Thomas. Abgedruckt mit freundlicher Genehmigung des Autors.

Michaels, Anne. Aus: Dies. Fluchtstücke. Deutsch von Beatrice Howeg. © Berlin-Verlag, Berlin 1996.

Naegeli, Sabine. Aus: Dies. Du hast mein Dunkel geteilt. © Verlag Herder, Freiburg 2001[20].

Noll, Peter. Diktate über Sterben und Tod. S. 115 f. © Pendo Verlag GmbH, Zürich 1984.

Oosterhuis, Huub. Aus: Ders. Du bist der Atem und die Glut. © Verlag Herder, Freiburg 1996[4].

Pascale, Blaise. Aus: Wenn Worte fehlen. Gebete, hg. v. Karl Heinz Bierlein. © Claudius-Verlag, München 1989.

Petzold, Lothar. Aus: Evangelisches Kirchengesangbuch. © Evangelischer Presseverlag, Speyer.

Plath, Sylvia. Aus: Dies. Ariel. © Suhrkamp Verlag, Frankfurt am Main 1974.

Rey, Karl Guido. Aus: Ders. Du fehlst mir so sehr. © Kösel-Verlag, München 1990.

Richter, Gabriele und Gert. Aus: Anja Wiese. Um Kinder trauern. Eltern und Geschwister begegnen dem Tod. © Gütersloher Verlagshaus GmbH, Gütersloh 2001.

Rilke, Rainer Maria. Aus: Ders. Werke, Bd.I, 1. Insel Verlag, Frankfurt am Main 1955.

Rumi, Dschelâl-eddin. Aus: Ders. Gesänge der tanzenden Gottesfreude. Die ersten zwölf Ghaselen, übers. v. Karl Thylmann u. Linde Thylmann von Kaiserlingk. © Gülistan-Verlag, Stuttgart 1979.

Saint-Exupéry, Antoine de. Aus: Ders. Gebete der Einsamkeit. © Karl Rauch Verlag, Düsseldorf 1956/2000.

Schneider, Robert. Aus: Ders. Schlafes Bruder. Roman. © Reclam, Leipzig 1992.

Spilling-Nöker, Christa. Aus: Dies. Behutsam will ich dich begleiten. Gedanken für die Stunden des Abschiednehmens. © Kiefel-Verlag, Gütersloh 2002.

Storm, Theodor. Aus: Storms Werke in zwei Bänden, hg. v. den Nationalen Forschungs- und Gedenkstätten der klassischen deutschen Literatur in Weimar. Bd. 1. Aufbau-Verlag. Berlin/Weimar 1969.

Tausch, Anne Marie. (S. 27, 33, 42, 59, 70f., 73, 86, 119) Aus: Dies. Gespräche gegen die Angst. Krankheit ein Weg zum Leben. © 1981 by Rowohlt Verlag GmbH, Reinbek bei Hamburg.

Tausch, Anne Marie und Reinhard. (S. 40) Aus: Dies. Sanftes Sterben. Was der Tod für das Leben bedeutet. © 1985 by Rowohlt Verlag GmbH, Reinbek bei Hamburg.

Teichert, Wolfgang. Aus: Anja Wiese. Um Kinder trauern. Eltern und Geschwister begegnen dem Tod. © Gütersloher Verlagshaus GmbH, Gütersloh 2001.

Wiese, Anja. Aus: Dies. Um Kinder trauern. Eltern und Geschwister begegnen dem Tod. © Gütersloher Verlagshaus GmbH, Gütersloh 2001.

Willms, Wilhelm. Mitgift. Eine Gabe mitgegeben in die Ehe. © 1997 Verlag Butzon und Bercker, Kevelaer 1996[10], S. 47 (gekürzt).

Wölfing, Marie Luise. Aus: Dies. Barbara. Ein Mädchen bewältigt den Tod seines Bruders. © Droemersche Verlagsanstalt Th. Knaur Nachf., München 1990.

Zink, Jörg. (S. 90) Aus: Ders. Wie wir beten können. © Kreuz Verlag, Stuttgart 1991, S. 193.

Zink, Jörg. (S. 102, 117) Aus: Ders. Trauer hat heilende Kraft. © Kreuz Verlag, Stuttgart 2001, S. 4.